페달링의 원리

국립중앙도서관 출판예정도서목록(CIP)

페달링의 원리 : 백소연 시집 / 지은이: 백소연. -- 대전 :
지혜 : 애지, 2018
p. ; cm. -- (지혜사랑 ; 195)

ISBN 979-11-5728-311-8 03810 : ₩9000

한국 현대시[韓國現代詩]

811.7-KDC6
895.715-DDC23 CIP2018040933

지혜사랑 195

페달링의 원리

백소연

지혜

시인의 말

무엇이 삶의 진실인가
화상의 상처에 거즈를 붙일 때 제 살이 된 약의 효능은
더 이상 기호가 아니다.
스스로 발명한 문장들이 빛나기까지
사유를 개진하는 일은 지난한 일 아니던가. 더불어
이타 타자와의 관계론은
삶을 지향하는 인간에게
당연한 존재론적 의미망이 된다.
모든 존재를 더 많이 사랑하고 아파해야 할 길
사마리아 벌판을 넘어 치열하게
페달링된 놀라운 신의 가호에 감사드린다.

날 것으로 날아온 온갖 질문과 의구의 날개짓,
멈출줄 모르고 바닥을 닦아내는 질주의 호소문은
오로시 울림으로만 다가올 수 없을까.
관계와 관계, 햇빛과 바람과 풀 한포기의 은륜과
끝내 놓아버릴 수 없는 새로운 세계에 대한 열망은
새처럼 자유롭다.
막판까지 매달린 후박나무 잎사귀의 경계를 넘어서
과장도 억지도 없이
나보다도 먼저 심장에 맞닿은 채
페달링은 계속될 것이다.

2018년 12월
백소연

차례

2부 긍정이 부정문에게

3부 페달링의 원리

4부 미궁과 허공사이

• 일러두기

한 연이 첫 번째 행에서 시작될 때는 > 로 표시합니다.

1부

나무, 연어를 꿈꾸다

나무, 연어를 꿈꾸다

햇살 한줌 기이다란 그림자 들어 올린다

비탈에 선 사람주나무
동파에 찢긴 겨드랑이 사이로
텃새 한 마리 푸두둥 날아돈다
한 번의 비행 위해 수백 수천 날갯짓 번뜩인다
온몸 밀어 올린 목안에 잠긴 말
바람 찬 칼날 에워싼다
우연은 필연의 연속적 주제이어서
홍안에 싸인 문장 건너다보면 공중 부양하는
질깃한 활화산 온통 적멸보궁이다
늑골 가득 광풍 지나간 흔적 역력한 능선
나도 한때 한 폭 걸음 미끌려 계곡 깊었을까
셈이 급한 중량 그늘 아래 우뚝우뚝 멈춰 선다
저마다 행선지 알 수 없는 휘우듬한 깃
캄캄한 잠 찢는 뿌리 깊은
우듬지, 부활을 꿈꾼다

물 밖과 물 안

우에서 좌로 달리는 촉 낚아채
입질을 받아낸다
어디에 투척하고 채비를 거둘 것인지
정확한 유속 눈치 채는 것은
천리 밖 흐름 읽어내는 자의 몫
앞선 자가 바삐 길어 올리다 짱뚱어와 떡붕어
방향 잘려나갈 때 놓쳐버린 아가미
거듭 휘어 도는 우럭 낚아챘을까
사내는 물밑 탁도 따라
잽싸게 허공의 찌 내리고 올린다
투시력 서툰 각도 탓에 밑 걸림 심할 때
수중 분해된 미로도 정비가 필요하므로
물문 통과한 반사적 감각적 안목
심연에 뿌리를 박는다
지렁이 바람, 수심 그 너머 적요를 두드린다
긴 말 끝날 때까지 참는
기다림이란 일생 침잠沈潛에 드는 것이므로
등 뒤로 건너온 물의 희롱 중심 잃는 찰나에
으라차! 살얼음 긋는 헛손질 한꺼번에 포말을 푼다
생사 퍼덕이던 역류 내려놓는 내수면
깔고 앉은 고된 허리춤도 목마른 심해 쾌척하는 덕목인지
즐거움 방해하는 생각 결造 잡아
일획 일점 꿰뚫는 고행은 늘 아득한 능선이다

감전

1.
밀려갔다 밀려오는 내수면 질량
온몸 파도치는 입口이다

단숨에 활어 치는 해안선
태풍이 몰고 왔다 떠밀어 놓은
항구는 소식이다
나는 천 개의 물음과 만 개의 질문에 끌려가고
바다는 단발마로 부두를 관통한다
돌 속에 연꽃 심는 석공처럼
빈 어선이라도 돌고 돈다는 건
다시 시발점 향해 돌진하는
늙은 어부의 잔주름인지도 모를 일.
육지 끝나는 곳에서 모국어로 태어나는
땅 끝 마을, 나는 온몸을 떨며
길고 긴 소금강 기어이 건너 온 것일까
모든 죽어가는 딱딱한 심장 매만지며
역류 사그라질 때까지 소라고둥 되어 한시름
울음 집어삼킨 습관의 힘, 350m 파고 집어삼킨다
손익계산 저울질하는 진실 뒤 모리배로 일생
화려 찬란한 반란 꿈꾼 것만 아니므로
연어 한 쌈에 물의 뒷면 서성이는

어머니 몰려온다
왜 하필 이곳에서 가라앉고 있었을까
정면 응시한 섬과 섬 사이 뼈만 오르르 남은

심연 밖 신선한 죽음, 횟집마다 해체되어 누웠다

2.
맨발의 고단함 복원할 수 있을까
떠돌이 어선 출항증명서 물 위에 떴다

그것이 나는 고요한 절정인 줄 알았다

결결 휘청대는 다 늙은 뱃길 새우등 타고
숲으로 잇닿는 숨 막힌 바다비명

해안에 시퍼렇게 부딪혀도 남해안 파도는 제 소리를 낸다
어미 자궁으로부터 놀라 눈 뜬
탯줄 뗀 첫울음 물살, 혀의 돌기 내어민다
짜디짠 내장 다 펴 올려
비상등 켠 채 육지에 시절 맡긴 해 그물

>

그것이 나는 적요로 가장한 수심인 줄 알았다

서서히 제 몸 안 염분 토해내는 등 푸른 고등어 포획
견고한 낮달 일시에 닻을 내린다
정박된 어선 심연의 항해 위해 시뻘건
죽음 쪼개 누인 눈알들
아무렴, 몸 비틀어지도록 목젖 터지도록
코끝에 닿았다 분절되는 포말을 핥는가
힘껏 투망질하는 물질도 一生 힘줄이어서
하시절 봉인된 수심의 체온 꺼내놓은 별자리
어영차! 해안선 끌어올려
풍어 기원한 뱃길 앞에 몰려 앉았다

탁자 날다

시간은 고양이다

언제 어느 때인지도 모를
지루한 발문 받아 적느라 망설였지
값싼 오류 아닌지 고민도 선택했지
빌린 책 반납하듯 오래 묵은 너를
어느 곳에 앉혀 둘 지에 대해

집, 바다, 길, 나무, 개, 고양이, 하이에나, 킬리만자로 표범
알프스 산맥 관통한 56.97㎞ 고타르베이스
시간 속 터널 지나 수십 수 천만 세포 공존된
발전과 소멸 기류를 엿보았을까
목조여 오는 산더미 배설물
여러 단계 책과 거리에 잠기다 매번
유서로 받아 적는 너의 성실함을
회조광回照光으로 믿어 의심치 않은 적도 있지

초승달 끼고 서쪽으로 기울어진 어깨
성큼 끌어안는 문풍지 속 너.
황사를 건너온 계절같이 가끔 너는
나른하고 무료한 이쪽과 저쪽 뿌리 끝에서
한 여름 밤, 낙타를 끌고 쫓고 쫓기는 고비사막을 건너오지

>

마룻바닥에 쭈그리고 앉아 적막 발췌하다
그만 놓아줄까—구겨진 팔꿈치 슬쩍 건드릴 때
우툴두툴 떨리는 필체라니
실눈 뜨고 고양이 죽일 기회만 엿본 것 아니어서
불만 접수된 기계적인 말투 줄긋느라
다시, 우주를 펼쳐보는 중이다

개기월식

1.
한 자리에 모여 앉은 손발들 달과 통신 중이다

2.
늦은 오후 비가 내린다
우리는 서까래 밑 마루턱에 앉아 달과 지구 사이
송수신 중이다, 시대 거슬러 오른 농담 속 김치찌개 복작거리고
그것이 저녁 아우르는 구수한 맛이라고 믿었다
사생결단으로 밀어올린 군살 밴 딱딱한 발바닥
1등성에서 5등성까지의 오리온자리
들여다보기 전까지.

노점상 화두삼아 골목길 변종에 대해 G가 탑을 세우는 동안
몇몇 궁둥짝 들썩이며 못 본 척 못 들은 척
입술과 입술 헛도는 발목 주저앉힌다
한 이불 속에서 각각 딴 꿈 짓는 이상국
벌겋게 익은 모닥불로 튄다 때마다
세치 혀와 일만 이천 개 송곳니 엿보는
부화되지 못한 언어 밖 잠금장치 도루묵 떼 터져나온다

>

3.

술이 술을 포개 눕는 울분 섞인 병 쓸어 모아
훅, 한꺼번에 터트린 음담패설 질문도 없이
목젖 드러낼 즈음
함부로 발설할 수 없는 기울어진 어깨 일상
접히지 않는 무릎 툭툭 털고 일어선다
행선지 떠나 이따금 어디서 들었음직한 이야기와
보았음직한 명함 뒤엉켜
뼈와 살 발라낸 해장국 목울대 적신다
그것이 무엇이건 아직 세상 끌어안을 수 있는
떫고 목멘 허공에 맺힌 힘, 저녁 가고 아침 올 때까지

더러 공용화장실 핑계 삼고 혹간
방전된 전화 배터리 교체 바빴으나
태초로부터 달의 몰락까지 주검은 은근 몰려오는 것이므로
아우토반 마주칠 때마다 좌뇌에서 우뇌로 칼날은 번뜩인다
뒤틀린 병고에 엉켜 진화하지 못한 작은 이모부
뒤따라 나온 긴 그림자 속 그림자
누가 금속성 광폭타이어 그늘을 엿봤을까

아비의 부음 받고 경계 추월해 고속 주행한 막내아들,
한날한시 나란히 닫혀버린 언어 뒤 적요

봉분으로 들어앉은 화투짝 허허실실 뒤집어지고
맨발로 가로누운 영정 분향강신焚香降神 날아오른다
육개장에 따순 밥사발
헛헛한 속 꾸역꾸역 파고든
개 같은 밤

4.
달은 태양을 꼭꼭 씹어 먹었다
덤프트럭 자가용 버스가 몰고 온 안부
혹 누가 血 자리로 노을을 끌어다 앉혔을까
0.001초 사이에 누인 생사 크레바스
습기 빨아올린 잠들지 못한
장지葬地, 검은 알을 낳는다

발길들 조급증 내다 몇 마디 눈치만 부의금 옆에 누이고
무게도 없이 제각각 흩어진다 의혹이 물어다 놓은
검버섯 핀 이모 명치 누가 할퀴었을까
父子가 미처 레테의 강을 빠져나오지 못한 것인지
어둠 뒤척이다 헛발 디딘 것인지
읽히지 않는 도저한 심연
영정 앞에 핑그르르 풋감 흘린 감물로
포개 앉았다

시간은 추鰍를 초월한다

능소화 왼발바닥에 깨진 유리 글자 꽉 박혀 산다 ***'손대지 마시오'*** 벽보아래 누구의 도살인가 도화살인가 아직 피지 못한 꽃몽 대롱대롱 매달려 種은 울리고 鐘은 울린다

잘 익은 시간은, 채도와 명도 통째 저장된 빛의 보색 대비 프로방스의 야경내지 스누피의 미소였을까 맺혔다 풀어짐도 내내 꽃 피우는 것만 아니어서 십자 생 초초 뜬눈 같은 곡절 여러 갈래 길을 낸다

엘리엘리라마사박다니! 제 삼시에서 제 구시까지 등 뒤 음양, 예수는 끝끝내 천지간 휘장 찢어 마침내 조종弔鐘을 울렸을까 십자 생은 종국에 씨앗 된 사랑이므로 다 이루었다, 마침내 어둠 뚫고 나온 천천 눈 만만 촉! 시간은 추鰍를 초월한다

푸른 경전

거미발에 낚인 날개
젖은 눈동자 속에 우주만큼 오래된 그늘 들어앉았네
아무도 피 흘리지 않을 것이라 믿었던
초록 길 위 혓바닥 쑤욱 내민 촉
크게 벌린 팔다리 돌돌 말아 감은 트로이메라이
바람결에 묶였네
산청 돌면 이 가지 저 가지 울음 걸터앉은
온갖 새
내 길 점점 짧아지고 내 귀 점점 길어지고
내 손 점점 따뜻해지고 내 목 점점 가늘어지는
숲의 설법 앞에
빌딩 밖 뜬구름 한줄 바람떼로 몰려왔다 몰려가네
침묵도 가장 무서운 무기될 수 있으므로
거리 조준해 속닥거리는 가시광선
치켜뜬 눈조차 품어 안았네
몸 날린 파문 어디서부터 건너온 그물일까
지상 휘감친 꼿꼿한 풍파 스칠 때마다
간지랑대에 매달린 저 중심中心!
잎새 하나에 숨 고르는 깃털이라니
트레일러 포크레인 덤프트럭 줄줄이 끌고 가는
여정, 잘린 가지에 걸린 말줄임표 랩소디로 흘러가네
자유롭게 날 수 있을 만큼의 거리, 네가 보이네

태초의 노래가 흑암에서

바람 놀다간
늙은 느티나무 곁에 새 한 마리 기대 누웠다

반쯤 날개 움츠린 길
외눈박이 눈꺼풀로 하늘을 담아두고

먼저 흑암이 찾아왔고
서서히 추락은 몰려왔다

몸은 야위고 영혼마저 어딘가 떠돌다
태초의 말씀 이명耳鳴처럼 울려도

이제는 가 닿지 못한

천국의 시간
떨어진 감람나무 잎사귀 시간

소낙비 푹푹 내려앉는 시간

물고기 다녀가셨다

비명을 건져 올렸다

둥근 비행 감행했을까 반쯤 열린 문 치받아
공중 부양한 순간 낙하지점은
어디에도 준비되어 있지 않았다
벌떡거리는 붉은 아가미가 숨어서 지켜본
물의 나라 통째 게워낼 때까지 나는
보이는 것과 보여 지는 간극에 서 있었다
안과 밖 잇던 전류, 한 生이
220V 콘센트에 꽂혀 적막하게 응시하던 결은
어쩌다 몸 밖 거처로 튀쳐나왔을까
찬란한 고통 뿌리로 잇닿은 피안의 세계
유리막 안에서 넘어다 본 바깥은 비단
인간사 족적뿐이었을까 틀에 박힌
시간 속 오지 온몸으로 밀어 올리던
비늘 선명한 물고기 부력 옴싹 뒤집어 본다
생 단련시킨 지느러미도
지상의 날 선 모서리에 낀 장애로 덜컹거리는지
파문을 몰고 온 모로 찍힌 시에스타*
무늬, 스스로 바다 된 그림자 한 토막 남았다
수 · 족 · 관 ·

* la siesta(hora sexta;라틴어) : “여섯 번째 시간”에서 유래. 잠시 쉰다는 의미.

구멍, 살처분

의식과 무의식 경계 오고 간다

도로마다 뿌연 분사물 종잡을 수 없는 울음 담아
아까부터 집집이 길 밖으로 토해낸다
사람을 닮아버린 짐승과 짐승을 닮아버린 사람
뻘 속에 쑤셔 박힌 정육점 치킨집 양계장 돌아돌아
휘휘 건너가고 건너온다
만져지는 것과 보이는 저울의 기울기는 늘 수렁이다
초기 예방 안락사, 아우슈비츠 수용소를 들여다보았을까
찢겨 널브러진 시뻘건 울음 내 이목耳目 창질한다
진화된 흉터 싸매지 못한 생금의 그물망
점점 무덤은 무덤을 키운다
길은 초고속, 쓰러진 여물통과 텅 빈 우막 천지
벙어리 냉가슴 앓듯 겉도는 살처분 콱콱 찍어 올린 굴착기
흑암 서너 삽 와그르르 떠밀어 넣는다
온몸 근지러운 악의 유전자 뭉텅 발밑에 깔린다
웅크린 밤의 육질 물어뜯는
골수 다 터져버린 빠른 소용돌이 의식은 기억을 뒤좇는다
깊게 파인 통증 뼈채 묻어버린 퀭한 블랙홀
워낭 갇혀 우는 날

천체 관측

강물과 달빛 사이를 거리라 이름하자
나와 너 너와 나는 틈과 틈 사이에 얽힌 관계이므로
피고 지는 순간을 유효기간이라 부른다면
길바닥에 펄럭이는 결별의 이름은 무엇일까
익숙한 것 등진 죄로 나는 만성인후염을 오래 앓았는데,
이 끝에서 저 끝으로 발을 드리운 그늘은
어떤 아침의 말로 읽어내야 할까

달팽이관 잘라내 내 슬픔 네 고뇌 될 수 없는
모든 이별 고삐 관절 사이에서 물결칠 때
벌어진 통증도 빠른 속도로 파고든다
입 큰 불행 계단 밟고 쫘악
아가리 벌릴 때마다 수중 참수된 물음은
또 하나의 매듭

짜장면 몇 그릇 값에 팔린 노동과
숙식 없는 공장의 무배당과
국가경제와 세계경제 비껴 건넌 마일리지 밖
불순한 뭇질 하는 혼잣말이나
각 비집고 초초 저울질하는 퀵서비스맨
가 닿지 못할 정오 FM 받아 적는 바흐의 평균율
어쩌자고 나를 치고 붉은 만장 펴덕인다

>

원금보장도 없는 자본에 대한 노동 조건 같이
다가갈수록 암암한 무지개와 다독일수록 벌어지는 상처
까마득한 빌딩 위에서 마디마디 꺾이는
바람소리 진종일 몰려온다
–술 취하지 말고 깨어 통곡하라
휘어진 가지를 치지 않고서는 눈 뜨고 볼 수 없는 것
할퀴어도 꺾이지 않는 지상의 무게 옴싹 받아 적는
서슬 퍼런 천지의 해와 달
푸른 문 향해 관통 중이다

다국적 모임

네모난 여자 동그라미를 건너오네
세모난 여자 회전 問 통과 중이네

무르고 터질 때까지 자로 잰 여자 속에
관절 시린 여자 속에 흥건히 뱉어낸 자음과 모음,
잘못 씹은 음식처럼 슬픔을 벗지 못해
제 몸 단단히 겨눈 질량 보존의 법칙
길을 묻네

강함이 비극이라도 몇 곱절 이목을 씻어대는

입 바른 여자, 뼈 있는 말과 뼈 없는 말 사이에
전봇대와 거리가 놓이고 혓바닥 구부러진 안줏감
잇따라 나온 하회 탈바가지
얼쑤! 밀고 · 달고 · 맺고 · 푸는 격랑

면역력 없어 믿음조차 산화酸化 될 때
변명은 겁에 질린 자들 생존법인 까닭으로
끝내 침엽의 상처 엿보고 말았을까
콩과 콩 껍질은 한 지붕 한 몸이었을 터
콩 껍질만 태워 생을 짓는 무덤이라니?

>

둥근 두레밥상 위에 한 숟갈 퍼 올린
피 묻은 길, 고양이 혓바닥으로 싸매고 있네

섬진강가

바람을 쇠처럼 씹어 먹고 산다
눈물 한 방울의 나눔도 없이
분명 뿔 달린 악몽惡夢과 사기邪氣다
비 몰아내는 바람,
언제부턴가 산내교 옆 논바닥 헐떡거리기 시작했다
좌심방 좌심실 우심방 우심실
출구 막혀버린 심장 판막증 환자처럼
침잠沈潛에 들어
빈방 가득 제 검은 무늬 줄긋는
키 큰 가뭄
아침 햇살 옴싹 변두리로 옮겨 앉았을까
아무렇게나 나동그라진 돌멩이와 찢어진 이끼와
살과 뼈 다 드러낸 깨진 술병들 간밤
두고 건넌 울음 훤하다
저쪽 건너편에서 이쪽 강마을까지
다랑이 논 아래쪽으로 한껏 푸른 입 벌린
잔가지의 당당함, 때로 일어서는 바람도 있어
진종일 충혈된 논바닥의
두툼한 그늘 져 나르는 농사꾼들
더는 가산 탕진할 무엇도 남아있지 않다고
땀방울 받아 적는 피 마른 명치는 시방 갯벌이다
강은 마른 땅 한 발짝씩 건너는 중이어서

사람들, 손발 닳도록 우물 기도 퍼 올린다

마침내 소낙비 오시려나
구름 몰려다니고

너도바람꽃

곪아터진 속살 절단한다
아낙의 바쁜 손 날렵하게 시선을 가른다

뿌리가 성해야 몸도 성한 것인디
밖으로 드러난 허벅지 찔러봐야 속만 허 하제
뵈는 것 없이 시퍼렇게 나풀거려도
바람 따라 허방에 매인 몸 흔들어 깨운다고
오장육부 비틀린 신경 되살아 나것냐
하늘 땅 한밭으로 다져져 풍파 거슬러 올라야
서리를 맞아도 청정한 것이제
어이, 다 저문 날 암만
절단난 모가지 거시기해 길 솎아도
그 뿌리는 그 결인 것이여
몹쓸 바람 뚫은 건 마음인디 항아리 속에 고이 담궈질까
천날 만날 덧바른 오만 양념 뭔 덕이 되것냐
아야, 뼈도 살도 다 물 되 버렸다

또 다른 생

느티나무 묵은 가지 밑에
텃새들 집 한 채 짓고 살고 있었네
제 둥지의 나이테 두꺼워질수록
다른 곳 생각도 못하고 뿌리 딛고 살던 새들
느닷없는 풍랑 끝에 하나 둘
말없이 어디론가 떠나갔네
한살붙이로 소담하게 몸담고 살다
그림자만 붙박아두고 홀연 흘러갔다네

이듬 해 봄, 익숙한 울음소리
속가지마다 꽃피웠네
부지런히 둥지 짓던 부부 새
원두마을 앞 정자 위에 새끼를 키웠네
대체 몇 억만 번의 폭설과 몇 수수곡절 폭우
저들을 건너가고 건너온 것일까

내게도 살얼음판 강 살같이 흐르고 흘러
차차 봄이 오긴 왔던 것인지
한때 부패한 줄 알았던 찢긴
팔다리, 정월 냉기 온몸으로 부비네
꽃 피고 지던 계절만 나를 살찌운 내 전부가 아니었음을
꺾이어도 휘어 도는 가지 보며 알았네

>

한 철 허공 치고 도는
푸른 날개만 전부는 아니라고
뿌리 깊은 터 나를 흔들어 깨우네

14층 베란다의 수사학

안개 자욱한 우산 현관 밖에 세워두고
발신음 정지된 수화기에 목숨 거는가 싶었지, 그녀
흔들의자에 마른 포도나무로 기대앉아
종일 조잘대던 배웅 못한 저녁 넋두리

끌려 들어온 슬픔 앞에 우울은 몰려 앉기도 하여서
감성 틈에 낀 그림자는 나선형 볼트로 층층 조립된다

누란을 세우듯 상시 은, 는, 을, 를, 이, 가, 사이에서
주어도 없이 수수만만 파편과 접속될 때 핏줄과 시신경
몸과 맘 수척한가, 빠져나온 질문 많은 뿌리
헷갈릴수록 눈썹과 눈의 거리만큼 꿈은 자라나고
나는 그녀 무리수 속에 재갈 물리듯
불현 큰 울음도 생겨나서 철이 들곤 했지

자동사와 타동사 사이엔 늘 '나'라는 주어 거듭나기 마련이므로

물 흐르듯 이별은 찾아오고 하늘아래 땅
열매 없는 운명에 대해 가끔 젊음은 반짝이는
눈물이어도 좋다, 양파 껍질 닮은 그녀 앉았다 일어선다
두껍게 구겨놓고 건넌 질척한 의문문 오늘은 어제이므로

흔들리는 계단 몇 개쯤
거뜬히 오르고 내려 설 수 있는 내수면의 파란
다물어지지 않는 젖은 시간 품는다

에펠탑의 검은 고양이*

— Erik Satie, 3개의 Gymnopedie에 붙여

(사내는소리의알에서태어나아이일때부터그가작곡한음들을좇아흥얼흥얼노래불렀다지?그래서그의모든소통과불행은거기서시작된거야)

길들여진 현상 거부한 암실은 아니었을까

이름 석 자 지상에 내려놓기까지
핼쑥한 그림자 끌고 다닌 광야 38년, 찬찬히
월경越境하는 살랑보와 쉬잔 발라동 닮은 느리고 폭넓은
곡절이란, 세상 모서리 적중시킨 도플갱어인지도 몰라

행과 행 사이로 한 사내 지나가는 길
교묘한 능청과 미처 읽어내지 못한 음과 음 궤적은
온갖 지워지지 않는 고양이 발톱을 세우기 마련이지
마음은 몸보다 먼저 수수곡절 문 열고 닫으므로
(기발함은 자칫 가벼움이란 함정에 빠져 발목 붙잡힌
죽은 오아시스를 끌고 와)

우기雨期 깨트린 검푸른 악절, 그 점액질 잇닿은 심연은
일상 출애굽 못한 불균형 화음 박살내기도 했을까
눈물 무거워지면 중병에 걸리듯 만남과 이별
추녀 끝 물방울 혹간 계란처럼 가볍게

관성의 지느러미 단 새김질 관계와 관계로 태어난다네

예민하게 틀어박힌 제 뼛속 파고든 악흥
딱, 절반의 불협화음 눈물 받아 적느라
가열된 모르스부호 온몸을 타전하지
206개 뼛속에 박힌 알파와 오메가 밀항선 탄
히말라야 눈 킬리만자로 고독 사하라 낙타발자국…
이탈과 생성, 흐노니 뿜어내는 반연絆緣의 고리
견인하지 못해 거쳐 옮겨 다닌 바람돌이 사생활
어디쯤이었을까 천천만만 귀를 달고
그 사내 몸속으로 기울던 탄생과 소멸 지팡이
음양 뚫고 나온 몇 마리 개와 검은고양이
호올로 비상하는 허공은 아프다네
무주공산 송신 안테나 발치에 걸친 붉고 푸른 초음파
물결, 몇 억 광년 소리로 방출된

무슈 르 포브르,*
독수리 날개 치듯 콩콩 튀는 악보! 어딘가

* 에펠탑의 검은 고양이 : 피아니스트이며 작곡가인 에릭사티의 별명.
* '가난뱅이 씨'라는 뜻.

산화酸化

혼합되는 순간부터
이스트는 팽창을 꿈꾸므로
가슴은 늘 한 뼘씩 부풀어 오릅니다.
두 성질이 한 개념으로 잇닿는
間과 間 사이 건너다니는 혓바닥은
비등점에서 온갖 무늬로
제 몸 바꾸기 마련이라지요
성글게 짠 망태기처럼 기억의 빗장 끝에
뻥 뚫린 구멍은 일시에 다른 형상 따라 전이되고
입에 달콤한 병 한꺼번에
헛된 소문 양산하기도 하지만
장구한 무두질 끝에 질 좋은 가죽 태어나듯
감동 섞인 문양은 담금질 가득 정성을 산란합니다.

불빛에 병든 하루살이처럼 체온 유지하지 못해 몸속에 갇힌 습한 기운, 물불 경계는 초심이란 원형질 속에서 은근 변형을 꿈꾸기도 한다지요? 때를 놓치면 윤기 나던 추억만 시큰거리고 너무 멀면 속만 새까맣게 타버립니다. 한정된 시간, 그 무겁고 무서운 속도가 180℃ 오븐 속에서 불덩어리 비밀을 구워내는 동안 향기만큼 완벽한 변술은 없습니다. 베드로가 예수를 세 번 부인한 양질의 속내 뒤집힌 바삭한 상처의 뒷말 이웃들은 어떻게 건너갔을까요? 먼 동심원 물살로 요동치는 손, 다시 시간을 구워냅니다.

거꾸로 세운 우산

서술은 술을 부르고
잔은 잔을 겹쳐 올린다
생각은 자유고 자유는 일용할 양식이다
침엽수도 먼 길 에돌아온 활엽수도
담장 들앉은 도라지꽃 소식도
다 낡은 유모차로 기습적인 탱크 가로막는
소성리 할매들 목 터진 피눈물도
호랑가시나무의 저문 발톱 사이 쓰라린 사연도
울안에 핀 명자나무 그늘도 귀뚬도
-거울아!거울아!
유리벽 속에 갇힌 왕관도 마침내 심해에 맞닿았을까
술이 술을 먹고 술은 술을 부른다
본시 술이란
논하는 자의 몫을 메기고 받는 것이어서
추임새도 얼큰하게 일 고수 이 명창
공중 나르기도 수차례 때로 종주먹질 해대고,
건넌 꽃자리 은근 돌아도 보는
당신과 나 사이 언어는 낯선 듯 선명하다
암만 정신 줄 가다듬어도 헐벗은 등 내리막길
누군들 꼿꼿하게 건널까만 들불로 번진
천천만만 촛불 같은 술 오고 술은 간다
어이, 할 때 아라리 몰리는 장단

시시한 시어로 터져 나온 무성한 파열음 앞에
시절 부끄러움 피었다 지기 또 몇 걸음인가
아우성 소리 듣지 못하는 막힌 귀 그, 그녀 향해
술술 술 뒤집는 술 있고 술은 없다

그해, 봄은 야위었다

귀 어지럽히던 바람소리가 등을 밀쳤나요?
도저히 그랬을 성 싶잖은데
오호, 활처럼 휜 봄을 톱질하다니요
유리 파편 같은 칼바람 당신의 뼛속까지 파고들면
치명적인 피 흘림도 있을 텐데요
이 터져버린 수수꽃다리 울화!
30여 년 꽃피우던 마당 깊은 뿌리
더는 비틀지 말아요
어떤 그늘 될 것인지 내게 물어보셨나요?
고장난 엔진 수선하듯 겨우 한 박 쉬어가는
목마른 사람들 들여다보라니까요
독기 품은 옻나무처럼 마음 속 혹 떼어내지 못해
홀로 잠이 든 당신
몸 근질근질한 회임의 입덧 지나 비행 예감한
꽃자리 두렵다구요?
동그랗게 익어가지 못해 폐색마저 완연한
그늘진 잎사귀와 가지
아으, 발버둥 칠수록 무장 깊어지는 무량고!
폭우에 찢긴 팔다리 비틀지 말아요 제발
무수한 손가락 하늘 향해 쭉쭉 돋움 새기는
가없는 허공의 힘찬 가지 우러러 보라니까요
녹슨 식칼 숫돌에 갈듯

바람찬 햇살 속사포 쏘아댈 때마다
입 쩍쩍 벌리는 아슬아슬한 저 어린 싹!

쟈클린의 눈물*

기억을 잃는다는 것
기억을 잡아먹는다는 것
기억을 잘근잘근 씹어 삼킨다는 것
기억 때문에 기억 속에서 기억에 말려 기억을 가둔다는 것
오늘도 기억의 채널을 돌려요
나는 어디쯤 도달한 것일까요
다섯 손가락 사이로 생사경락 지나가네요
엄마!
시간을 꼭꼭 씹지 마세요 천천히 아주 조금씩
혀끝 사탕처럼 발라 먹으세요 제발
모국어를 제 가슴에 얹혀주세요
기억은 왜 모래가 되죠?
열쇠는 엄마 심장에 꼭꼭 숨겨 놓았잖아요
보이나 보이지 않는 심연 더듬느라
온몸으로 가나안 땅 보혈의 문 두드리셨나요
혈관 밖 와파린 시퍼렇게 새어나온단 사실
손가락들은 깜빡 잊었을까요?
엿보기만 할뿐
레테의 江 입구, 한 떼의 정마저
버려야 할 운명 누가 예언한 것인지…
내 몸은 욥의 사금파리로 박박 사경을 긁어요
등 뒤에 업힌 엄마를 보며 알았죠

당신은 宇宙라는 것
눈 부리부리하고 입 큰 자의
그 무엇 삿대질해도 송곳 들쑤셔도
피는 나고 피는 나지 않아 시방
달로 별로 떴네요

엄마, 안녕!

* 자클린의 눈물 : 세상에서 가장 슬픈 오펜바흐의 곡.

2부

긍정이 부정문에게

긍정이 부정문에게

가지나무에 수박이 열릴 때도 있단다

배는 바다 위에 떠 있을 때
존재감이 흐르므로 나는 오늘
아니, 안, 못 따위 기록된 사전 밖
긍정문 속으로 들어간다

받는 것에 익숙한 틀을 깨고
내가 먼저 손 흔들어 소리쳐 웃어도 보았을까
웃음은 강도 높은 전염이어서 더러
불행과 접속해 부활을 예고하기도 하므로
알곡과 쭉정이에 얽힌
상실은 또 얼마나 많은 내일을 걸러내던지

눈앞 것만 쫓던 실물수 때로
안으로 삭히는 게 좋은 일만 아니어서
일상 맺혀 잇닿거나 끊어지기 일쑤인
길, 계약과 거래 역순환 변동에 뒤통수 얻어맞듯
발끝 동동거리기 허다한 세파 귀퉁이
쉴 만한 능선 우리를 기다리긴 기다렸던 것일까

배경음악 따라 첫 키스는 강 끝에 서고

검은 안경의 렌즈 밖 가득 발췌된
나는 너 너는 나, 나와 너는 다른 듯 같고 같은 듯 달라
얼마나 이 날카로운 타작기로 호흡을 고르던지

입 벌어진 홍합처럼 사람과 죄 동일시 할 수 없으므로
숙부드러운 쌍무지개 짓는 법 습득 중이다
균형 끝에 동심도 자라기 마련이므로
가자, 긍정아!

구멍, 비움과 채움

부풀다 멈칫 깬 싹, 돌 속에 박힌
물관을 본다
수수곡절 바람 독 생사
돌의 심장 뚫고 나온 제 살점
몽땅 절개해 버렸을까
팔다리 뚝 잘린 채 푸른 시로 여는 나 · 무 ·
가지는 가지를 뒤엎고 밑동 통째 갉아 먹힌 채
안의 뿌리 몇 가닥 은근 길 밖 돌진 중이다
돌 속에 잉태된 무늬 들어올려
음습한 기억 몇 조각 아귀 맞춰 시절 내
푸른 피 녹원을 이뤄냈는지 어쨌는지
심지 깊은 느티 木 몇 번인가
그림자 끝에 걸린 제 한쪽 손가락 간신히 밀어 넣어
아무래도 간밤 폭우 옴싹 막은 듯싶다
수액 타고 붉은 심장 쪽 향해
저녁은 저녁을 몰고 다닌다
기다림 품고 살던 곳에
수백 번 봄, 봄 툭툭 피었다 눕는 별이 된 꽃자리
어느 천년 또 골 깊은 얼음구덕 도강하여
둥근 우듬지 달의 문 열고 닫을까
벌어진 악어 입 같이
어둔 발등 위로 토해내는 제 몸 안

구멍, 뿌리 깊은 나무 수억
싹으로 다시 일어선다

그 푸르고 붉은

1. 접시를 깨트렸다 비누 묻은 손끝에서 주루룩 끌려나왔다 때맞춰 보기 좋게 바다를 담아내던 시간 떠올렸다 비늘 선명한 목숨 받들던 몸, 그를 손잡아 앉힐 때 파랑 치는 활어 시퍼렇게 밀려왔다 밀려간다 푸른 접시 하나 품고 산다는 사실만으로도 울컥 머리를 얻어맞은 나의 나 해체되었을까 깨진 발톱 직시한 목신의 오후

2. 아무도 허리 휘청거리는 아버지 선불리 읽어내지 못했다 시집 온 딸 느닷없이 찾아온 투박한 손, 검은 봉다리 보며 비로소 기형의 세상 보았다 손끝 마디마디 뿌리박혀 한길로 자라난 막대아교 냄새 버석거린 늦은 오후, 오방색 연꽃무늬 뭉텅 뒤따라 나왔다 반 토막난 햇살 그림자 달의 뒤편 그 너머

3. 시퍼런 바다 배를 갈라 반쯤 뭉그러진 속살 튀기진 않았다 검게 쪼개진 손톱 밑 파고 들어가 물物의 것 꺼내 먹을 생각 더더욱 하지 않았다 애초 그곳에 시선 못 박아 둘 아버지는 아니었으므로 추욱 늘어진 비닐 봉다리, 쭈글쭈글 습기 베어 문 사과의 生 아버지를 붙들어 앉혔다

4. 검은 봉다리에 심은 사과나무, 바다를 꿈꾸고 있다

여자만汝自灣

십여 차례 에돌아 나온 뒤에야
길을 만난다
탁 트인 갯벌 끼고
구불구불한 리아스식 해안 중간쯤
천막 뒤집어 쓴 비린 가설물 섰다
시방 호수로 내려앉은 汝自灣은
어디에도 닿으나 닿지 않는 유령의 자취
찰칵찰칵 찍어낸다
썰물이 두고 간 드넓은 갯벌 위로
잉태된 바다 뇌관
고장난 엔진, 조각 배, 뻘, 조개껍데기,
호미 잡은 푸른 신경줄 전시된
바다 눈과 속눈썹 위 한계선 밟는다
팔영산 에돌아 고흥반도 크고 작은 일상
접혔다 펼쳐짐도 동서 물의 나라 아코디언이어서
더듬어 본 적 없는 수심에 귀 기울인다
소금을 끌고 온 本地 사내는 물살을 뚫고
갯바닥에 누차 사유를 떠밀어 앉힌다
얼핏 발효되지 않은 수심 깊은
우측 흉부 속 서사 결결이 환원되는 순간
발정기 고장난 고깃배
고요를 깨트린다 때마다

풍파 업어다 누인 관통상, 부유하는
저인망 모서리 들여다본다
그물에 얽혀 익사한 척추뼈 불러다 앉힌 것인지
어디엔가 있고 없는 물의 뒷장

그 사내 일기문이었을까

파문 업어 앉힌 유랑 뼛가루

더러 소식 없는 길 밖 길 여는 뱃사람들
동동주 한 사발로 주린 배 움켜쥐던
옛 가락을 난타 중이다

혈육은 가고

그림자만 남아

산너머 노을 강으로 흐르는

네 발 달린 풍상風霜
바다, 비늘 선명한 비음 쓸어안는다

내장산

— 길과 나무 사이

느티나무 속 벚꽃,
온몸 비틀어 손발 밀어 넣었다
한 가지가 또 다른 가지 아래쪽 목덜미 비집고
샴쌍둥이로 엉켜 산다
아무래도 남의 등 위에 업혀 산 지
꽤 오래된 표정이다
늘어진 가지에 제 팔다리 슬몃 얹어 한 평생
셋방살이 사는 것인데, 척추 휜
절반의 시절 몽땅 전세 내 주고
한 집 한 서까래로 서녘 햇살 받아 적는다
어느 줄기 목마름 뻗쳐 올린 애지인가
밑바닥 에둘러보아도 근원은 아득한 면벽이다
애먼 길의 길 더부살이 느티 木
꽃 그늘, 목축인 엉킴조차 적막 두고 건넌
작별의 손짓인가
바람 등에 업힌 정자
가지 많은 생각 우루루 비탈을 건넌다
뿌리를 내린다는 건 일곱 번씩 일흔 번 혹간
일 천 마디 어그러져야 마침내
한 생 탄생시키는 것이어서
안으로 깊어진 절간의 숲으로 내려앉았을까
갈빗대 휜 나 · 무 · 틀어 쥔 마디 어디쯤

주체와 상관없는 일획 끌어안고
뜻하지 않은 동거 의연히 보듬고 산다
달포 내내 내린 장맛비 늑골 후려쳤으련만
길 곁에 바싹 엎디어 결결 휘어 감친
적멸보궁, 텃새들 허공에서 허공으로
스리슬쩍 우듬지 뒤흔든다
밖으로 에돈 천천만만 바람의 혀
남의 생 휘어감은 채 저물도록 사설 중이다

청동 거울

유품처럼 받아온

파란 녹이 슨 반상기를 닦는다

전신 에워 싼 푸른 멍

오래된 시간 몰래 훔쳐 먹었던 걸까

시간은 거울인데

유년을 담은 밥사발 유독 커 보인 하루

뒷마루에 앉아 매매 놋그릇 닦던

어머니의 바쁜 손길 기와가루로 묻어 나온다

짚수세미 둥글게 말아 푸르뎅뎅한

안팎 닦아내던 녹이 슨 시간

정성 깃들지 않으면

제 내면도 돌이끼 낀다고

거울 닦듯 한생 닦고 또 닦아내

어머니, 백발 된 노정 느즈막이

내가 닦아 올린다

녹색 화원

치명적인 구덩이 꺼내
관이 높은 수밀도 촘촘 손질한다
사내가 출구 쪽 임파선淋巴腺 따라
온몸으로 빠져 나온 한기 뒤척이자
잎맥 뒤 칼바람 우루루쿵쾅 목울음 토해낸다
혈穴 짚는 곳마다 해독 불가능한 냉기
손발 구부린 채 지구의 반대편 그림자 속 건너온다

들여다 본 적 없는 근원지
꽃피는 환희란 눈 깜짝할 사이인데 어쩌다
발톱 사난 바람음모에 청춘마저 저당 잡혔을까
악취와 고름 기어이 毒으로 퍼진 허접한
화원 안쪽, 거꾸로 거슬러 오른 관성의 슬픈 지느러미
기이한 진술 올올이 낯선 암호되어 흐른다
속살만 정녕 파 먹힌 것인지
밀림 헤치듯 벌레 먹힌 구덩이 긁어내는 사내
싹 틔울 이른 봄을 심는다

새에 대한 기록서

접다와 날다 사이에 날개는
태어난다, 누군가는 기록했고 누군가는 보고했다

길 잃은 새 한 마리
잘려나간 생의 축 끌어안고 어질병 나는
허공에서 허공 삭제 중이다
시방 눈발은 매의 발로 날아 생방송 중—
원인모를 떼죽음 새벽뉴스로 달린다

맨바닥에 제 몸 부린 채
모든 것 일시에 강타당한 알다가도 모를
커튼 뒤 자막 은근 처리되었을까
희고 가뭇하게 저물어 간 어깨 죽지
본다

종일 각운 맞춰 사소하고 유쾌하게 재재거리던 수다 사이
추락하지 않을 것 같던 生生 푸른 발목
누가 가차 없이 붙잡아 앉혔을려나
막판 경로 비집고 들어온 얼음의 두께와 부피에 대한
보고서, 애초 족적은 위대하다

아무도 기척 없는 길 위 독거

가난한 날개의 또 다른 이름 잉태된다
곡기 훔친 허덕임 끝내 약물 중독인가
더는 일으켜 세우지 못한 뒷문 밖 거리의 거리
의문사로 편집된다
허리 굽은 노인의 유모차 곁에 드러누워
끝 간 데 없이 흐르는 냉기 타고
떨리는 듯 흔들리는 생사 눈꺼풀 가물거린다

눈과 눈, 접다와 편다 사이에 숨어 사는 울음

페르소나 1
— 식탁

모서리 받든 여덟 개의 발 기둥으로 섰다
뜸 많이 들이는 드라마 같은 시간 차려놓고
골고루 수다를 다듬지만
한 번도 제대로 꽃봉오리를 터트려 본적 없다

수다 만찬 칼질의 조용조용한 닿소리
희고 보드라운 동태찌개 헤풀어지는 밤
더러 까칠하고 단단한 갑피 손질하다 누군가
귀 꽉 막힌 허공에 종주먹질 해대며 불쑥
입안 毒 씹어 뱉기도 하였으나
붓으로 획을 긋듯 사각 모서리에 박힌
침묵 껍데기 벗겨내면
시선은 잠시 말랑해지고 노래는 평행으로 흘러간다

– 자, 독이든 약이든 거북이 등껍데기를 실컷 구워 먹어 볼까요?

깨진 유리창 관통한 반사경 뒤로 줄지어 앉힌
소금 간 밴 바다문장 낚아 회치는 요리사 몇
침묵한 소실점 꿰어 잽싸게 전어를 구워낸다
허와 공, 허와 실 천천만만 가시 박힌 혓바닥
속살 발라내 어둠 한 끝 풀어 제킨다

손닿지 않은 행간에 서서
절제 불가능한 담낭같이 때 못 가린 들썩거림 불을 지핀다
발화점 이상 온도 가열 무시로 화제는 화제를 몰고 와
경계 위로 떼 지어 날아오르는 우화등선羽化登仙
나비 하나 나비 둘 나비 셋…

기억의 꽃잎은 시들지 않는다

단꿈을 꾸신다
어머니, 그림자 한 토막 현상시킨다
아무도 발견 못해 도장밥 돌듯 핑그르르 맺힌 족적
대충 읽고 지나칠 수 없는 혈육의 줄거리까지
나는 요약된 곳곳 훑어 넘긴다
에돌아도 범상치 않은 갑골문자 이리저리 뒤척인다
백일홍 흐드러진 가지 위로 볼라벤 밀고오던 날
어머니, 발등만 물어뜯는 식솔들
내내 다독거렸다
전복된 생 반쯤 가로 누인 다 닳은 무릎 뼈 위로
덧붙인 일회용 파스는 사실 오랜 혹 뿌리다
좁아진 심장과 더는 펴지지 않던 오금
구부린 생 한켠 묵언정진으로
툭툭 두드리다 스르륵 단잠 드셨을까
누구도 함부로 들여다볼 수 없는 생사
뒷태, 어눌한 언어의 침잠沈潛 물결 사위어 간다
좀체 변칙 없던 서까래와
뒤바뀌지 않을 것 같던 대문의 위치와
토방 가득 에돌아 앉은 신발의 각
배송된 노을빛 지평선에 스텝이 엉킨다
덜컹거리는 맥박 사이로 쿵, 내리 꽂히는
주체 밖 의문 부호

앙상한 관절에 가만 손을 얹는다
등에 업힌 어머니 고이고이 잠든다

바오밥나무

짧은 스커트, 단정한 생머리 자존의 하이힐 고집하는
K 기억은 늘 빼끔거리는 금붕어입니다.

현실보다 긴 이상 궤도 닮은
K, 휘감친 스커트 밖 이웃들은 어떻게 건너갔을까요?
전제에 대한 담론은 진실이라 규명할 수 없으므로
—맞고 사는 여자입니다!
A는 있으나 검증되지 않은 B란 말끝에
'참' 이라 선 긋고 툭 치면 한동안 귀는 아프게 울었죠.

제법 야무진 체구에
미래 설계에 대한 자존으로 고공비행하는 연구원의 하이힐,
나는 말속에 응고된 뒷모습 믿어 의심치 않았지요.
일상 가시가 많아도 표정 밖 동정은 금물이므로
타인의 타인, 만나서 이별할 때까지
어떻게 썩은 가지를 치고 쇼팽의 녹턴이나 슈베르트 가곡처럼
한 뿌리로 부비며 사는지
어느 날 느닷없이 수화기 저편에서 말, 말 굴리는 흔들바위 보았어요.
입술 파래지도록 우주만한 세기의 역사 끌어내

청개구리와 빼꾸기와 독사에 대해
독수리 발톱에 낚인 토끼 눈으로 속삭이곤 하죠.
퍼즐은 퍼즐로 남아 더 이상 혜윰에 대한
밑그림 그려지지 않는 여자 혹, 아세요?

레몬 즙 닮은 K는 맞고 사는 여자랍니다.

확실한 신념이라도 건널 수 없는 거리는 있더군요.
독백에 갇혀 쓴물 단물 신물 비빔밥으로 꼭꼭 씹어 삼켜도
마루가 닳도록 울어도 목마른 여자,
K 손발 휘어잡은 이데아는 몇 g일까요?
머리가 몹시 아픈 아이들에 대한 설계는 끝내
뽑아낼 수 없는 나무눈이죠. 녹슨 철근 밖 허리뼈처럼
가지마다 가랑비 흘러요.

페르소나 2

건축가와 농부라는 지극한 이름 하의
양각 틀 속에서 나는 태어나고 자라났다

762의 2번지 통나무 2층집 대흥가구점
아버지의 톱과 대패, 어둠을 망치질해 등 쓸어 담던
어머니의 싸리 빗자루와 그해 가마솥과 놋그릇,
먼지 한 개 없이 사포 친 인문학 강의는
우리들 정규 과목이었다

매일 서까래 받들던 적목 곁
재봉틀 돌리는 정숙한 척추와
바느질 벗 삼은 공손한 손가락 사이에서
어떤 첨단 용마루를 지어 올렸을까
지문보다 긴 행동 앞에 세워진 예의 벗 삼아
시절 내내 뜯어내지 못한
남녀칠세부동석 두 손 합장한 고개 숙임은
세상 복사하지 않는 방법론, 우주를 낳았다

오! 열두시는 무섭지 않아요
신데렐라 신데렐라 라푼젤 라푼젤… 읽고 쓰고 꿈꾸며
울울한 나무 숲 공방 가득 우주선 적목을 쌓아도
나프탈렌 파고든 습기 밴 천 조각 틈마다

반자동으로 접혀 살던 오래된 미래

절대감각 모서리 사포 쳐 언덕 위에 집을 지었다
녹색 자화상

명자꽃 그늘

아흔 넘은 할매 기침소리 밤마다 창호지 타고 바람 목 꺾었다 며느리의 부르튼 발바닥은 어제이며 오늘이다 반질거리는 문턱 가득 넘치는 할매 살 냄새와 흰 약봉지 속 감초내 달달한 마당 깊은 약탕기 붉기도 붉다 그 선연하게 토해져 나온 항아리 곁 명자꽃은 피었다 "어이, 내일은 해 뜬당게. 아흔아홉 뼈 마디마디 서린 천명도 하루 빛이여!"시절 밖에 새긴 혈서였을까 평상에 오롯이 앉아 콩나물시루에 물 붓던 손 찍혀 나온다 담벼락에 기대 선 명자, 명자로 선 며느리 흐느낀다 붉은 심장 움켜쥐어도 도려낼 수 없는 제 살의 무늬인가 친친 감아쥔 시간 놓았다 푼다 우물 그늘 끌어안은 무슨 기별 같이 다가와 앉은 촘촘한 저녁하늘 아래 앞집 할매, 명자꽃 달 뜬 창호지 툭툭 두들긴다

떨림

터진 실밥 사이로 계절 놓친
그림자 꼿꼿하네

우연을 가장해 조용히 버림받고 버려왔던
모든 가질 수 없는 것의 허술한 진술
나는 사랑하며 길을 건너왔다 장담했었네
따뜻함이 차가움으로 뒤바뀌면서
기다림 사이로 비명은 싹트고
마음 개폐장치 가능에서 불가능으로 치달을 때
모름지기 내일에 대한 천의 문답 헷갈렸네
되새김하던 기억 속 향수 동굴될 때까지
음지로 내려선 음습한 기침소리
혹간 그 건너 마주한 또 다른 휘어진 이별에 대해
시간의 등뼈 아프다네
습관적 안부 바짝 조인 요일 앞에 흐를 때
셀 수 없는 만남과 행성 중심부에
다닥다닥 눌어붙은 불면 속 뒤척임은 적도의 안개인가
수척한 장막도 하룻밤 사이
금세 방향 다스려 흘러가기 마련이어서
가다 지치면 은근 등 떠밀려 쉬어도 보는 것인지
때로 선잠 깨어 거울 뒤 거울 바라보는 적요 마주치네
얕은 잠 한꺼번에 너무 많은 꿈 운반했을까

통증을 보료처럼 깔고 누운 심연

나무, 잔뼈 끌어안는 칼바람 앞에
의복 한 벌 없이 가온누리로 창창히 섰네

그 골목에 들어서다

딱 마주쳤다
다 늙은 골목 안 폐허로 들앉은 이발소 밖
휘갈겨 쓴 입간판 사이로
도시 같은 찻집 늘어서 있다
객들은 어디가고 짙은 색소폰 소리
출입문 밖 가득 거미의 방 출렁이는 외곽지대
더러 LED 너울춤 춘다
들리지 않는 농아의 귀처럼
을지로 3가 침침한 세운상가 뒤편
쇠 자르는 칼 소리 지천에 널린
고물상, 본다
삼천 오백원짜리 이발소 가위질 뒤로
한 평도 안 된 터의 먹거리 장사와
40년 넘은 점빵의 기울어진 어깨
배경 뒤 인물 기록된 용접골목만 훤하다
때 모르고 울리는 전화기 사이로
재생 분류 한창인 손,
암만 기웃거려 봐도 시커멓게 뒤덮인 벽
모든 生은 단단한가
무게 따라 떠도는 구겨진 화폐
출근하는 높은 구두와
톱질하는 작업실 무게는 오랜 계곡이다

날개 부러진 선풍기 툴툴거리는
길, 주인공만 가득한 세파 따라 라디오는 흘러간다
평균 연령 60代!
더는 붙잡아 앉힐 수 없는 재개발 골목

그림자 1

19층 난간에 수상한 비명 걸터앉았다

모서리 긁으며 찢겨나간 언어의 받침
장면이 장면 부르는 동안
뉴스는 몇 번인가 토막났다
답변도 없이 허방 날아오른 질문,
넝쿨장미 핏발 선 화단 발 없는 소문만 심어졌다

찾아 두드려도 열리지 않는 이웃 때문은 아니라고
리모콘 조정하듯 질문의 버튼 누르던
숙제 많은 책가방, 느닷없이 튀어나온 노루 같이
집 떠난 보도블록 위로 나자빠진 상형문자
소식 찾으러 간 어른들 끝내 돌아오지 않았다
구차한 목숨이기보다 화려한 반란 꿈꾸었을까 혹간
세상 같은 건 애초 어린 꿈 내동댕이쳤을까

만져지지 않는 허공에 몸 던져
공중 곡예 하는 신발
손닿지 않은 자물통 부재중이다

시방, 무게도 없이 꽃은 떨어지고
차마 자지러지는 너를 밟지 못한 건널목
숲은 밀려온다

이방인異邦人이 지나갔다

골목마다 시간을 아무렇게나 집어던진
계집아이들, 담뱃불에 자주 손가락을 데인다
피다만 질문 꽁지도 없이 마빡을 들이댄다고
자폐처럼 공원 맴도는 J씨
다 읽어내지 못한 어둠 펼쳐들고
육중한 숨소리로 검은 건반 열 때마다
한 옥타브씩 긴 양면의 음각 새겨진다

–씹으면씹을수록고소한맛이일품이지공중파일기예보날려보내는
기상캐스터처럼열개의깨진거울앞에앉아과거를화장하는로큰롤~뒤주
속에갇혀혼자울던우울증이피아노를두드리던악상공중부양으로전송시킨
*폴터가이스트*적절하게분노하고알맞게즐겨봐!기다림은널위한일회용*
자동판매기언제나친절한쇼핑백속으로빠졌어미쳤어돌아버렸어!

함부로 남의 얼굴에 침 뱉지 마라
제 몸뚱이의 서너 배쯤 되는 랩송 퍼붓는
아이들, 아무도 찾아오지 않는 소행에 시달리다
불량스런 문밖 서성였을까
지뢰 밟듯 살 뻗친 햇살아래서 맞장을 뜬다
욕이 밥 된 그늘과
몸이 욕된 생리 길 밖으로 떠내려간다

다급한 시간 횟배 앓듯 뒷걸음질 치는 오후

* Poltergeist : (독일어로 Polter는 ‘소음’ 또는 ‘소동’, Geist는 ‘영혼’ 이란 뜻) 불안정하게 소란스런 현상을 일으키는 정령.

너는 빈센트 반 고흐

수화기가 몰려와요 머리가 깨지게 아파요 누나!

하늘을 올려다 볼 수 없다고
소식은 뒤척인다

정신 병동 벽에 통째 생을 저당 잡혔을까
열차 지나갈 때마다 노란 우산 손에 들고
개처럼 짖어대거나 발정난 고양이 지붕에서 지붕을 타듯
밤낮 야옹대는 습성, 발작은 시작되었다

제발, 나없는 나를 찾아주세요!

강 거슬러 지구를 헤집고 황소개구리 떼 몰려온다
수화기를 거꾸로 들고

심장이 간지러워요
구워먹을까요 삶아 먹을까요? 개구리 반찬—

아무 번호든 탁탁탁… 반추위로 신원을 타전하는 습성
입이 많아도 대꾸 없는 응답은
잃어버린 관심 보충 못한 너의 넋
액자 속 액자, 플롯 속에 갇혀 거품 물고 나동그라지는 통

증은
　붉디붉은 사람주나무다

　누구라도 그대가 되어준다는 가을편지에게
　고흐가 건넨다 ***안녕, 테오?***
　귀 잘린 말 전신주로 쏟아져 내린다
　까치보다 까마귀를 더 좋아한다는 네 고해성사
　접었다 편 생사 굴곡에 대하여 소모되는
　구멍 많은 門 허공을 치켜든다

　손목은 몇 시 몇 분이죠?
　소리는 무엇을 잉태하여 어떤 귀를 출산할까요?

　송수신기 와장창 뒤흔든 다 늦은 오후
　시들지 않은 언어의 씨 하나 둘 걸어 나온다
　접지 않은 노란 우산 속 해바라기
　우주를 펼쳐든다***(나는 당신을 알아요 시간은 빛이고 강물이죠 믿음은 하늘이에요)***

　말의 육질 곱씹는 해 그물
　맨발로 서성이는 공중정원을 본다

나는 아무 것도 묻지 않았다

엄마를 잃어버린 것은 해리성기억상실증 때문이 아니야
알츠하이머와 해리성 사이에서
내 기억 속 지우갠 애초 뇌혈관성 돌연변이 유전자 따위를
저장하지 않았지
말문 닫힌 구덩이에서 눈물은 탄생되고
서서히 주검은 몰려왔어
울음은 클수록 사치였으므로
깨진 사금파리로 내 뼈와 살 박박 깎아 제꼈지
구린내 나고 오금 저려도 비명소리는 낮게 좀 더 낮게…
때마다 쿨렁쿨렁 피는 나더군

까치와 까마귀만큼 혈류는 긍정과 부정
오류와 오해를 넘어 다녔지 때마다 찬송은 달콤했어
닫혀 버린 뇌관에 대해 더는 그 얕은 물음의 근수
계수할 수 없으므로 자, 그대들은 조용히 눈을 감으시게나
고공비행 은하수 다리를 놓아
딱딱한 '정' 따위로 리듬을 만들진 마시게
내 영혼 엄마 심장과 접붙임 될 때
이식된 혈관은 태어나 그리고, 그래서, 그러므로, 그리하여
무수한 접속마저 신들메 되게 하더군

>

병든 자가 병든 자를 수발하는 세상,
버릴수록 탱탱한 기억 턱밑에 바싹 쭈그리고 앉아
세상 같은 것은 더러워*
갓난 엄마가 된 엄마를 품던 날
자기만 불쌍하다고 생각하는 착한 오류를 안고
누군가는 버리고 누군가는 벗어놓고 건너갔지

아무도 굽혀지지 않는 무릎이 문제였어
이별 고할 때까지 구원할 햇살은 찾아오지 않았으나
한 치 망설임 없이 함부로 모태를 들여다 본 죄
새벽마다 하늘 이슬은 말해주더군
나는 종종 안개와 는개 사이에서 길을 잃었지
양의 자리와 쌍둥이자리 어디쯤 혹간 아마겟돈이나
헬레스폰트 해협 중간쯤 추락했을까?

'가' '는', '과' '와' 사이
낱말이 문장될 때까지 우울을 잘라먹었지
꼬리에 꼬리 물고 갈수록 똑똑해지는 세상 뒤로
지상에서 천궁까지 걷고 걸어
손상된 엄마 행성을 찾는다는 것은
도둑맞은 숨은 그림 찾기였어
아시는가, 우주의 모국어는 지독한 뿌리라네

>

저곳 뒤 이곳, 이곳 뒤 저곳 다른 듯 같고 같은 듯 다른
입이 많은 것들, 잘 가거라

* 백석의 시 「나와 나타샤와 흰 당나귀」 인용.

어머니

밤새 울음통 지고 칼끝 곧추세워
어머니, 약 될 수 없는
생 가시 쓰윽 발라내던 모습
나는 아직 기억합니다
뭉텅 잘라낸 푸른 지느러미들 오늘
장바구니 가득 아우성칩니다
비늘 선명해도 밥이 되지 못한 무늬 살
홀로 가슴 뛰던 수심은
정면 돌진해 나를 전율케 합니다
일생 피비린내 가득한 좌판 위
어둠 발효시킨 토막 햇살 끌어안고
어머니와 나, 쪽마루에 앉아 한철
하혈하는 바다 손질하는 오후

빈 집

두고 떠난 빈자리 위에 나는 섰네

다시 오마, 길고도 짧은 손짓
길 위에 박힌 알타미라 동굴들이여 풍속들이여
절차도 없이 긁적이던 문장, 잘 있거라
비 내리는 담벼락
먹물 풀어 놓은 듯 허방 누비는
맹렬한 바람 뼈
익명의 문패 밖 길은 마당 가득 달빛이네
조바심치던 소식과 열매 없는 꽃 진 자리
잘 도달했느냐, 더는 붙잡아 둘 수 없는
한시름 꺾여버린 불씨들
어둠에 기대 길을 건너네
아뜩한 고비 납작 풍화된 낮고 낮은 사립문 곁
사과나무 보이네

3부

페달링의 원리

페르소나 3
— 아웃사이더

당신 기분은 *유령으로 떠도는* 베란다 공기군요

머리가 핑, 어지러워요
내 폐가 타르 속에 갇혔어요
하필 비 오는 날 기압 내려갈수록
당신은 알 수 없는 불꽃 여행 중이네요
그 여자와 그 남자 그 여자의 여자와 그 남자의 남자가
당신 쪽 계단을 밟고 창문을 닫는 순간
20년 넘게 조준된 소리 없는 권총은
기관지를 폭파하죠
아침저녁 바닥 친 표정 뒤 표정
언제쯤 얇아지나요? 1초 동안 불행해지는 지구 반대편
인물과 거리 사이에 멈춘 그림자, 한꺼번에
지쳐 쓰러질 때까지 生死 입자 피우고 태운 것인데
아래층에서 위층 앞동에서 옆동 옥상까지
데인 화상처럼 어쩌다 손 안 대고 코 푼 이웃 다쳤을까요?
소리 소문 없는 권총은 비명의 대명사로 자라죠
계단 많은 지구 질질 끌고 3분 3초 동안
신체 깎아내린 절벽은 이웃이 먼저 닿았어요
기억은 빨리 사라지는 안개라고 떠난 자가 이름지었죠
뜨거운 심장 밖으로 이제 그만 날개를 펴요

환기통 없는 구석으로 내몰리면
콱 찌그러진 산소도 연기로 몰려오거든요
아시나요? 1개월 후 10년 후의 생각은 공기라는 것.
목소리 카랑해질수록 이웃한 문도 닫히기 마련이지요
우리는 어디에서 어디쯤 닿았는가, *혹 주춤거렸나요?*
하루 전 또 이틀 전에도 틀림없는 당신이었어요
어깨 움츠리고 석고상 된 꼭 그 자리여야 하는 까닭에 대해
아무도 당신을 저격하지 않았죠 *그렇지만, 그렇다할지라도,*
쾅쾅 두드릴수록 문은 좁아지고 좁아져요
달빛 소나타나 라 캄파넬라로 착석한 흡입은
뒤집어도 안개죠
그것이 생 좀 먹는 지주막하출혈이라고 판단하기 전까지
나도 한때 첼로협주곡 a단조 곁에 동경의 밑줄을 그었죠
때로 의미가 무의미로 전위된 까닭으로
전기가 끊겨요 *세상 피곤한 입자,* 각각 음악 시간을 꿈꿨을까요
어두울수록 연기는 짙어지기 마련이므로
길의 길 물으시나요? 이제 꽉 쥔 주먹을 펴고
이웃 파고든 탁자 밑을 열어봐요
우투투 우투투 후룰랄라 후룰랄라……

레일, 동물들의 사육

더 이상 넘길 수 없는 페이지,
생사 긁적거려 사칙연산 곱씹은 까닭일까
고장난 심장 끝에 블랙로즈 코사지 들이밀고
훌라훌라 훌라 춤 추는 언니오빠들
사다리를 북북 기어 슬레이트지붕 꼭대기로 아슬아슬
호박넝쿨 들어 올리던 엄마를 뒤따라본 적은?
일산화탄소 구멍마다 박힌 넝쿨장미 가시 담
우글우글 새끼 치던 날 울음통 걷어내던 엄마의
정화수 앞에 엎드린 흑암은 모국어만의 통곡이었을까
불빛 희미한 구들장 길길이 계수해
누가 앉은뱅이저울을 건너가고 있지? 물어뜯긴 주검?
고름진 사유 번지 없는 아궁이와 한 몸으로 가로 누워
심장조차 꿰뚫어버린 오늘에 대해

그렇게 머리말 유령은 춤추었지 저녁의 산양을 재단 위에 올려놓고 누구 믿거나 말거나 일년 366일 25시 지독한 독주가 서까래 가득 독거미를 낳고 혈기어린 이빨로 야금야금 유년을 씹어 굿바이 굿바이 굿바이…….

아무 것도 아닌 그 아무 것 벽과 벽에 갇혀
순례의 길로 들어선 엄마, 종국엔 파상풍 몰고 온 생인손을
뚝뚝 잘라내야 한다는 모가지 긴 슬픈 감각 나는 보았지

못된 송아지의 성난 뿔에 찍혀 잇몸 덜컹거려도
목숨 구걸하지 않았던 아버지처럼 꿈꾸는 江 된
엄마는 늘 조용해 번호 키 맞지 않는
열쇠 없는 숙제, 서까래조차 휘어진 기왓장 닦아
누가 하늘 문 열 수 있을까

두드려도 소리 없는 초인종 향해 더는 목을 빼지 않아도
뼈마디 훤히 들춰진 마당 깊은 집
너는 누구냐?

희 미용실

1.
당신은 예스맨인가요?
아닌 것을 아니라고 말할 수 없어
긴 머리보다 숏 보브스타일 더 더 어울린다고
귀 밑을 바싹 치켜 올린 것인데
오오, 저주 받은 사원? 차라리 와인색 머리망은 어때요?
시간이 미끄러졌군요. 몇 번인가 피도 났구요.

제발, 생떼 쓰지 마세요. 거울 좀 보시라니까요.
당신은 왜 허락도 없이 귀와 길 사이를 잘라 먹은 거죠?
지친 길은 산 자들을 위한 노래죠.
처진 어깨는 날개 접힌 파랑새일까요

그녀는 애초 가위손 대신
앞마당 가득 사과나무를 심고 싶었을 뿐이라고
볼우물 깊은 노랑머리 마주보며 꺽꺼억 웃다 울었죠.
울음 닦은 손 돌연 고급 정품처럼 빛날 때
무사히 강을 건넜을까, 싶은 날

탐욕스런 거울 먹어치우던 중화된 비명 흘러나와요.
보는 내내 어지러웠죠.
늘 길들여진 길은 당신을 잃게 했나요? 그녀 물음표

눈에서 멀어질 때 천천히 사막은 몰려왔죠.
한때 도강한 지리부도 속 난지도
부러진 기억을 당신은 짓밟고 말았군요?
노랑머리는 젖은 머리카락으로 외쳤어요.

2.
너무 길지도 짧지도 않게
'적당히' 엮어주면 안될까요.
오호, 두려워말아요. 당신의 잃었던 길 찾아줄게요.
그녀가 한 움큼 투욱, 바스라진 생의 자락을 잘랐죠.

일순 횡경막 뚫고 나온 비음처럼 빛바랜 부위
찰칵찰칵 내려앉았네요.

이봐요! 더는 지구 뒤흔들 암모니아수 떨어트리진 말아요.
노랑머리님! 정체불명 물결에 시달렸던 건
당신 그림자 아닐까요?
아뇨, 기억을 코팅한 것은 당신이죠.
머리칼을 늪으로 몰고 간 건 순전히 당신 의지잖아요.
생사 지분 왕창 잘려나갈 때까지

제발 뿌리는 긁지 마세요!

밤새 길 가르는 가위 손 다듬어
삭막한 머리 위에 관이 높은 캬라멜 톤 코팅
어때요?

우훗, 클레오파트라 된 당신 거울 좀 들여다봐요.
인생은 창고대방출 샘플이 아니잖아요.
아메리칸 스타일 미래가 보이시나요?
흉터 하나 없이 메니큐어 된 화장술

나는 나의 나를 찾기 위해 당신을 노크하죠.
선택은 택하는 자가 주인 될까요?
초초는 흐름이고 길은 바로 곁에 놓이기 마련이잖아요.
글쎄요, 남루한 기척 밀어올린 안팎
경계는 달리고 달려요, 거울 앞에 선
여우 몇

유리 컵

조각난 눈과 여러 개 방 들여다본다
사내는 몇 방울 눈물도 마렵지 않았으므로
부하 직원 호출하듯
제 중심 밖으로 밀린 순간 유리 막은 박살났을까
매일 아침 똑같은 문 열고 들어가는
브랜드 묶인 이국의 트렁크, 구두와 새 양복
아내 표정을 위한 손수건은 없다
지갑이 얇은 각종 조미료와 4인 1식 불완전 연소된
소음과 공포, 양손바닥 마주칠 때마다
더 이상 파편은 그릇으로 존재치 못하였으므로
의미를 끌고 올 수 없는 짧고도 무거운 진술 각각 앓아누웠다
시종 맛과 멋 아울러 새싹으로 담아내던 에피소드 더는
체온 없는 기척 아무도 그릇이라 이름하지 않는다
사내는 色이 마음을 품는다고 믿었다
그릇 위치는 금세 바뀌었고
무슨 꽃씨인지 출처 난감한 줄기 방방이 꽃 피었다
디저트 골라 먹는 딱딱한 조명

울지 않는 새

모로 누워 있었네
한 줌 등뼈 받아 적는
침대
혈압과 맥박 사이 표정 없는 산소호흡기 기대 눕고
신발 건너 알약 같은 링거 제각각 거리로 섰네

그림자로 서성이다 그늘만 살피고
시계 밑 겉도는 핏기 없는 요양원과
균열 심한 얼굴들 이방인 되어 차차 길나서는
좁은 문

실명된 번지수 아로새긴 방방의 삐걱거림 복도 어디쯤이었을까
시설 허접한 병실 바닥 위로 볼라멘 산바 들이 닥치네
퀭한 눈 뒤척이는 백일홍 흐드러지는 날
뼈만 남은 주사기 행렬,
나는 심장 뜨거워진 엄마의 부정맥을 깨우네
–엄마! 박자가 엇갈려요. 이제 그만 지붕일랑 내려놔요
몇몇 표정 들어앉은 저물녘
두고 온 세월은 무엇 경계등으로 깜빡거리는가

지친 행간에 누운 알부민 빗방울 변주곡

아무데도 갈 수 없는 기다림 실컷 갉아먹을 때
다 저물어버린 시간 터벅터벅 찾아든
짐승의 몸짓들, 血 맺힌 울음조차 장사 지내네

수중 생태 연어 된 엄마의 내려앉은 호흡은
누구로부터 밀쳐진 복사본인지 긍휼인지
입 꽉 다문 입원실 구석마다 앓아누운 저 큰
동굴, 회오리로 쭈그려 눕네

데워지지 않는 체온 들썩이는 홑이불만
손닿을 수 없는 이름 좇아 생명에서 생명으로

곡선의 방식

귀빵을 후려쳐도 버르장머리는 돌아오지 않아요
긴장은 혈기를 다듬어야 제 격이죠
몸이 굳은 생각은 마음을 반죽하지 못하므로
웃는 얼굴에 침 뱉는 몰상식은 끝내
암을 폭발하잖아요
기억의 빗장 활짝 열어보면
그녀는 솜사탕인데 당신은 총알이군요
날개 접은 새는 밤낮 하늘을 두려워하죠
길은 자라고 우주는 풍성하게 열려도
땅따먹기 좋아하는 당신은
안으로 안으로만 문을 걸어 잠그는 버릇이 있어요
생각은 말랑말랑해야 활짝 열리잖아요?
발톱 요란한 선인장 같이
친절을 거부하는 까닭은 뭘까요? 아직
빼내지 못한 목 안 통가시 숨구멍 틀어막고
소리 없는 울음 뼈와 살 파먹는다는 것
모르시나요? 주먹 꽉 쥔 당신을
더는 두드리지 않는다는 것 참, 무서운 일이에요

문 좀 열어주세요!

페달링의 원리 1

한쪽 발 엄지손가락만 기억하던
P씨, 품위 갈아입고 후진기어 넣는다
수심 밖으로 빠져나가지 못해
허리 쥐어틀던 속사정 따윈 별 것 아님이
분명해 보인 흐린 날 오후
제 속 들여다보는 깊은 반사의 반사
단추 하나, 밑단 몇mm 차이인 것 거울은 눈치챘을까

—거울아 거울아 헌옷 줄게 날개 줄래?

먼데서 터덕거리는
절기, 헐렁함 품은 어떤 맵시 밖으로 가속 회전 중일까
하반신 꽉 조이는 스키니 세상
조명발 밑 색깔 밑창으로 깔린다
通함과 同한다는 송곳 분별

비틀비틀 흔들흔들 들썩들썩

미끄러지듯 다가왔다 사라지는 회전문 앞에 서서
사시장철 의복에 몸조차 기울 때 있노라던 P씨
시간 밖 수당과 물질 안 십일조 사이쯤이었을까
수시로 생각 경보음 두드리는 LED의

볼록 렌즈 유리 성 따라 돌고 도는
깊고 붉은 춤 너울친다

—거울아 거울아!

목이 긴 네온 불빛 쓰다듬는 마스카라
하이라이터부터 쉐이딩 컬러까지
신세계新世界!
원가 순이익 저렴하게 몰고 가는 반액 세일 앞
P씨가 난다

그 집, 소문난 백숙

출입구 안쪽, 낯선 듯 낯익은 신발
줄줄이 앉았다
교자상 앞자리에 대여섯 둘러앉아
도토리 키 재기 식 농담 반 진담 반
소문만평 서까래를 적신다
푸른 앞치마 휘감은 중년 사내와
손 바쁜 아낙, 뜨거운 생 옮기느라
아무래도 종일 분주한 눈치다
일면식 있으나 없으나 한 자리의 낯선 껄끄러움도
간혹 눈짓 하나 고명처럼 얹어
주문을 펴 나른다
팔팔 끓여낸 생 귀퉁이에 가지런히 놓인 손맛
끼니마다 밀려드는 폭풍 허기 탓일까 더러
기다려 줄 빈 의자 하나 없는 모퉁이에
참참이 주저앉힌 입씨름도 인심 한 양푼이다
수 세월 꽃피운 소문난 간판
아무도 지폐 세듯 신원을 타전하지 않는 내면의 각,
뜨거운 국물 한 사발 위로 버물린 겉절이는
본적지 태생부터 처자식 사유까지 신선한 밥상이다
타관 객지 심성도 한 묶음 고해성사이어서
고봉밥 인심 술술 풀리는가
텁텁한 막걸리 몇 주전자로 낯설음의 목을 적신다

수성동 뒷골목 백숙 집 얼큰한 사설,
손 큰 쥔장 서비스에 농죽마저 걸죽하다
―만구성비萬口成碑!*
온 식솔 밥숟가락 달그락 달그락 투가리 가상 휘적신다
맛깔스런 일상 후루룩―

* 만구성비萬口成碑 : 많은 사람이 칭찬하게 되면 명성이 알려진다는 뜻.

페르소나 4
— 샴쌍둥이

햇살 가득 안고 느지막이
쌍태아로 출생되었지
뜨겁던 여름날이 몰고 온 각
칼바람 끝에 낱낱이 찢겨나간 겉껍질
백안으로 떠 있는 살점 목격했어

툭, 배꼽 근처 파고든 크고 둥근 근원지 보았지
뿌리보다 깊은 구멍
굼벵이 득실대는 느릿한 리듬 읽어 낸 거야
한 점 남김없이 제 몸 불사르는 지독한 체취이면 어때
나는 너를 뒤적여 생살점 읽기 시작했지
제 목숨 하나 만인 구하는 알토랑 같은 열매
느닷없는 비바람 서까래 밀치던 늦은 시월 금요일 오후
뼈 으스러질 듯 울음 쩍 벌어져도
저녁이 따숩던 마을
너는 본향을 건너온 거야

저녁 11시 53분발 호남선 무궁화호, 새벽 개찰구 옆 명절로 섰네

어동육서 두동미서 조율이시 홍동백서
길 안팎 호주머니도 없는 너에게

오래 꺼낸 기억 속 유전자 자라고 있었지
이를테면, 버려지고 잘려나간 지체 위한
따뜻한 말 한마디 건네주는 손이었음 좋겠다는 의지야
음각 아로새긴 생채기나 벌레 먹힌 허구렁이라도
둥근 두레밥상 위 길은 열려 있어

거꾸로 거슬러 오르는 이정표 한 숟갈 情 불러오면
숨어 나동그라진 썩은 배꼽도 부활하는 기적되어 은근
너의 굳은 신념 내 것이 될 지도 몰라
단단한 속 다 읽고 난 후 잃어버린 고향
심연에 못 박혀 있음에 대해 설득될 때
행려로 떠돌던 설움조차 단칼에 잘리기 마련이므로
후딱 손 내밀어 너를 붙드는 하나 된 나 · 무 ·
본다

야곱의 단팥죽

초대 받은 날부터 혁명은 시작되었다

망인과 여자의 손발은 닮아 있다
生을 거꾸로 처박아 뒤틀고 헤집어 덧낸 그녀는
안전을 보장할 수 없는 전갈이다, ▽은
수포와 고름으로 얼룩진 엇박을 즐긴다
심지 없는 볼펜인가 도무지 친숙하지 못했단 이유로
불균형 곁눈질 끌어내기 성급한 손발 끝끝내
막판 끝수로 몰릴 때
모람모람 뒤에 숨은 충돌 치명적 사이렌을 울린다
가면 뒤 가면, 밑바닥 대명사란 증거만으로도 전갈은
오래 자란 슈퍼박테리아라고 수수곡절 눈동자와 손가락
속죄하듯 입을 모았다
올빼미와 전갈 닮은 ▽은 회전문 넘나들며
제 생각 닿지 않는 ○를 안으로 걸어 잠궜다
길은 끝내 살아남은 자의 몫이었을까
피터지게 휘저어 칼집 무성한 생사 연고, 출상 날
등껍데기만 남은 ○ 머즌일 그림자 보며 알았다
식어버린 죽사발이 얼마나 뜨거운 목울음을 불러오는지
유혼 에둘러 선 혹한의 도끼날 번뜩인다
보임과 본다는 차이와 차별은 어디에서 몰려 온
완곡한 우주 뒷발길질일까

칠성판 메고 우는 듯 웃는
▽ 어깨 위 전갈, 제 뼈와 살 파먹는다
불온한 족적 뒤밟는 능선 한 발 투욱 내려딛는 길

서서 우는 나무

쓰나미가 몰려오자 물 폭탄 사이로
울음도 건너왔다

들고나는 건널목에서, 바람 앞 등잔 밑에서
몸부림치는 길고 긴 아우성
바다가 회오리치자 세상도 끌려 다닌다
높은 탑 긴 다리는 애초 가설된 조감도였을까
개미 떼 몰리 듯 번지도 모를 주검 쌓이고
미처 빠져나가지 못한 의혹된 질문만
헛손질 하는 그림자
누군가 검푸른 파도 열어 신분증을 건져 올린다
광장은 소리다, 저절로 재주를 부렸을 리 없다
일순 놓쳐버린 물음표 부풀어 오른다
지붕과 지붕 건너 몇 뼘 공간에 걸터앉은
손발들, 피로 물든 시간 힘껏 발목 붙잡아 앉힌다
히로시마 파형 지중해 뼛속까지 파고든다
경계 추월한 수포와 고름 가득 밴 안팎
한 시대 비명 내지르는 기호 받아 적느라
어둠은 지상을 부른다
수심 가로지른 핀 뽑힌 수류탄이었을까
제각각 검출된 급류 휘감쳐 원자의 원자에 의한
불규칙 음운변동 밀려온다

공존 공생 밥 한 끼 물 한 모금
그대, 안녕하십니까?

잠복된 화마 곁에 무릎 꿇은 아우성
뿔뿔이 흩어진 안부만 황급히 끌어다 앉힌 도로망 위로
새침한 해 뜬다

불안이 불러낸 바닥

건물과 건물, 동자동 3.3평방미터 쪽방촌
끊긴 전기 에둘러 앉아 촛불 앞 성경을 읽는다

태양열 끌어안은 네온사인 십자가
280℃ 이산화탄소를 발산하는 시각
찢긴 유리창 몇 튀어나온다, 피가 돌지 않는 생사연고지
누가 떠밀어 앉힌 광야의 살점일까
한 치 눈 흘김도 망설임도 없이 맨바닥에 내동댕이쳐진
불의不義를 닮은 그림자, 곳곳 철통 빙설이다

발자국 선명히 찍힌
십자나무 꽃 진 자리

손잡이 없는 박봉의 문고리 빙 돌아
으스러트린 길 안 척추, 입 큰 굴착기 어제를 굴절시킨다
무슨 최면처럼 몇 만 광년으로 쏘아올린 고속 포효
—독수리는 언제 날아오를까
호루라기 피해 머리 맞댄 지하방 속 관절들
그늘 깊다
찬밥 덩어리 씹어 삼키는 희디흰 발목
그 내력

미친 황사, 봄은 마악 터널 하나 통과 중이다

기차는 11시에 질주한다

— 소문만평기록서

암울한 표정부터 널뛰는 기쁨까지
손 내미는 미소는 늘 아득하다
출발 1분전에 뛰어오른 호남선 막차
시절 하나 떠난다
앞 다투어 입 모으는 사리살짝, 배곧은근,
넌지시 속닥속닥 쑥떡쑥떡 콩콩콩 음음음…
발차 간극에 승차한 일용직 시급 알바소식 겉돈다
불안 몰고 온 거대한 수산 사업 일촉즉발
파산 직전 내몰린 눈 맵고 코 씰룩 기침 잦은 지느러미
실평 건평 발원지 좇는 질문과 자본 사회 활화산
진원지 묻는 들썩거림
오가는 통로 가로 막고 담배 연기 내뿜으며
조금씩 뒷목 쭈뼛해진 말의 동사 덜컹거린다
그러거나 말거나 불만제로
하행선 기차는 11시에 달린다
술 취한 체온 내뿜는 긴 호흡!
짐승의 본능같이 사돈네 팔촌 피붙이 생사
울컥울컥 질주하는 입 바른 칼
골백번 에돌아도 데스벨리 중간 쯤 걸터앉은
키 큰 그림자만 정차된 거처를 묻는다
안은문장 안긴문장 설익은 불안 뒤 구워삶은
계란 알까기 허방을 달린다

그 중 하나는 소문만복래 하회탈 끼고 살아
몇몇 잘 익은 유실수도 자라고 있다

소리의 생존법

고장난 심장, 그 벌어진 허공 뒤쫓는 눈알 빠진 음군
적막 뒤척인다

지하방에 세 들어 살다 쫓겨 나온 생의
폐기처분, 금간 곡조 몇 마디 건너기도 전 쉼표도 없이
묘사와 진술 엇갈린 풍운의 내력 몰아친다
물빛 바다에 가 닿고 싶은 선과 율의 못갖춘마디
변박, 매발톱 닭의난초 며느리밥풀 노루오줌 금낭화
테트라코드 뒤엉킨 비밀한 통로 쿵쾅쿵쾅
콘크리트 가슴복판 냅다 들이받다 저물기도 하였을까
일상 어긋난 심방세동, 내시경 불가능한 페달 밑 들여다
보면
몇 천 볼트 임파선淋巴腺 황량한 어조로 파랑친다
뿌리와 줄기 잎과 열매
건들린 등껍질 내보이는 건 깊은 어둠 뿐 아니어서
단단한 문장 두드리면 푸두둥 천만 번 날아오르기도 했을
벌나비떼, 생리적 음계 속엔 둥지 찾아 떠난 우주의
떠돌이새들 꼭꼭 숨어 산다

주제보다 더 긴 에피소드같이 향방 알 수 없는
무수한 폴리포니 지문 공중 오르내리는
악보는 곡선으로 홰치는가 닫힌 소리의 뚜껑 뒤적일 때

마다

삐꺽거리는 아으, 물푸레 빛 출렁임!

바다빙어

얼음벌판 아래 수십만 인파 장사진을 친다
홋카이도 연해주 사할린 알라스카 거쳐
더는 거꾸로 거슬러 오르지 못한
길, 강가에 갇혔을까
수심 가득 숨은 결 절묘하게 걸터앉았다
때마다 물 밖으로 끌어내는 견지대
얼음도 살아 움직이는 숨구멍 있어 한 사람이
두 구멍을 뚫지 않는 수로水路
진종일 바늘 하나 구더기 한 마리
고등어 통조림 끼워 맞춘
생미끼 슬그머니 던져도 오지 않는
허탕 치는 사내 서넛 피안의 세계 넘어다본다
물 없는 바다 피로 밀고 온 고래 등 좇아
바닥 층 공략했을까
흐름에 전율하지 못하면 헛손질하기 마련이어서
남의 자리 선뜻 꿰차고 앉아 입맛 바꾼
오뚝이 찌 고추 찌 들었다 놓는 손발,
적요를 불러 앉힌다
중심은 유영층에 있으므로 입질 따라
물벼룩은 튄다
生은 어느 심연 향해 고요히 이동 중일까
바늘 끝 비껴 떼로 건너다니는 탱탱한

기다림 포획하는 청량한 생의 찰나!
물결 집어삼키는 날 비린내 낮달 관통한다

고등어

신안천일염 왕소금 한줌 흩뿌린다
푸른 지느러미 단 등살 아래로
쪽빛 선명한 바다 단칼에 가른다

주검의 방향도
물비린내 수심을 알 리 없었던지
온몸 젖은 몽유 속 눈동자
심연에 눕는다
때마다 동여맨 전대 속 활어 출렁거리고
비린바닥 끌어낸 아낙의 손 접혔다 펼쳐진다
끝끝내 도달할 수 없는 머나먼 나라 지느러미
광휘로 빛나던 생의 부유물 통째 게워낸다
각을 뜬 모천, 몸 뒤척이는 심연 저밀 때
어떤 필생 예까지 닿았는지 소금은 밀려 온다
더는 꽃 필 수 없는 비늘
지는 해와 뜨는 해 중간 쯤 걸터앉아
날선 신선도는 왜 술 취한 횟집마다 서성거릴까
등 푸른 욕망 흥건하다
드넓게 부서지는 햇빛과 바람과 구름
포개 누운 좌판대 위로 언뜻언뜻 얼음이 돈다
구겨진 암호 덜컹대며 한 트럭
바다, 몰려온다

가문비나무

천천만만 개 눈과 혓바닥 돌기 위로
바람 떼 몰려 앉았다
낙화암 내려다보는 잎잎 출렁임
돌아보지 마라, 지나간 매듭 풀고 당기는 순간
팽팽하게 채운 몸 안 장고소리 터져 나온다
중모리 중중모리 자진모리 휘몰아치는 장단의 음양
견고한 그늘이었을까

한때 血과 穴 사이에서
좌측허리뼈 서서히 무너진 적 있다
접혔다 일어설 때 구토 심한 차디찬 굴곡
어질병 났다
맺혔다 풀어지는 물길도 수억 가닥이어서
천년 이유 숨 쉬는가
강 문 열면 뿌리의 계보 새겨 넣은 정각
목을 빼고 섰다

뾰족하고 단호하고 질긴 잠언은
마음 둘 곳 없는 풍파 업어다 뉘인 통증인가
나이테 두꺼워질수록 잘 버려지지 않는 유년의 것
스쳐 닿는 안부 뒤 저릿한 꽃에 대한 내력
뉘엿뉘엿 사위어가는 새들은 난다

날개 많은 원형 물어 나르는 잎, 잎…

마침내 한 세기 환히 뻗친 푸른 관절
능선에서 또 한 능선
다시, 무너질 때 솟아오른다

페달링의 원리 2

우화등선羽化登仙 꿈꾸었을까
발틀 요란한 바늘 칩 자전과 공전 중이다
낡은 라디오 스피커 외곽 중심 축
날실 씨실 뒤엉켜 모서리 둥글린다
간혹, 헛손질한 생의 오랏줄
홀 맺힌 타래 푼다
돋보기 밖으로 종종 밀려난 노령의 부부
남루한 의복의 근거 추스르긴 했을까
이미 한 세대 저물어버린 형상 부활 중이다

죽은 가지 봄물 오르듯 일상 어느 모퉁이라도
곡선의 끈 잇닿기 마련인가 흐름과 멈춤 돌고 돌아
툴툴거리던 한 올의 절벽, 때론 실족도 있었노라
엉킨 북실 꺼내 바늘 목 촘촘 새겨 넣는
늦은 오후 여섯시 59분
우주의 반쯤 맴돌다 멈칫 아로새긴 무늬 열어 제킨다
옴싹 절단 난 밑자락 가로 세로 찾느라 가름과 가늠 사이
덧댄 돋보기 속, 노정은 까무룩 저물어간다

단추 하나 밑단 몇mm
바늘구멍 속 낙타 들여다본다
부표처럼 떠돌던 일상 얼마나 치밀한 수심인가

길을 묻는다

서너 평 남짓한 방 땀땀이 시절 기운
외가닥, 터진 옆구리 몽땅 짜깁는 안경 너머
거리는 천천 무늬다

밑도 끝도 없는 확인 사살

튄다, 천길 나락으로 떨어지다 일순
열길 물속 지나 몇 겁劫 전압 속에 갇힌다

발가벗겨진 한 개의 토씨 틈새를 노리자
분침과 시침 오가며 박제된 길
리드미컬한 방향키 기어올라 가보지 못한
무한 경쟁 바다를 끌고 들어온다
조율 불가능한 특종 뉴스 파노라마
수식과 기교 들락날락 뒤통수 냅다 휘갈긴다
피 흥건한 울음 감고 닭 몰이하듯
싸구려 오락실 귀퉁이에 세 들어
향기마저 빼앗긴 아이들의 깊게 묻은 항아리
묻지 마, 손닿지 않는 毒은 누가 심은 종양일까
안전띠도 매지 않고 칭찬 없는 밥 씹어 먹다
몇 가지 질문마저 헐값에 매매 당하였으므로
탐독된 중병, 경주마 된 그림자!
권총과 공포 사이에 아이 끼어 놀고
아이와 노는 아이 풍선 위로 어른들 덜컹거린다
사람의 일로 퇴화된 희망과 사람 일로 번식된 격정적 반란
채워질수록 시시때때 썩어 들어가는 옆구리
거기, 떫은 세상아 피워라 꽃!

활주, 사운드 트랙

마을금고 앞, 배달원 오토바이 쉬고 있다
퀵 서비스 뒷자리에 여덟 개 박스 앉아 놀고
흰 두건 쓴 피자가게 아저씨
송수신 중이다 20분 내요? 공설운동장이요?
허기진 시동 오케이 왕피자 친절셀프는 달린다

이편에서 저편 골목 건너 네거리 복판
틈새시장 비집고 S라인 춤추는
광폭타이어는 코레일 KTX다

아디다스 코오롱 K2 지나가고 24시 편의점 지나가고
롯데리아 중화반점 지나 우체국 옆 통신사 관통 중이다

엔진에 매달린 제동 불가한 뇌수
오르락내리락 거린다
빨간 가방 속 이태리 향신료 바다 건너 피클
아스팔트 위 아메리칸 치즈는 콤비네이션 핫소스?
에피타이저 한 소절, 라흐마니노프 광시곡 백 뮤직으로 깔고
차와 차 사이 길의 길 에돌아
뒤뚱거리는 미간 찌푸릴 틈 없이 변두리로 내뺀다
오래 각인된 규칙적인 발자국

목이 긴 다리 건너 휑뎅그렁한 벌판
발 빠른 트위스트 퀵, 농구대 앞에 우뚝 섰다
명징明澄한 가지 끝 노을 쌩생 빛을 물어 나른다
갓 깨어 부르릉 몸 떠는 초록 이파리 몇 점
나풀나풀 환하게 저문다

택배

"사인해 주세요"

열고 닫음은 판도라죠
작은 것 속에 더 작은 문자
큰 것 속에 더 큰 자물쇠 열면 열수록
달큼한 초콜릿 발신 혹간
작두 타며 대신 울어주는 무당의 신병처럼
슬픔에서 널뛰는 기쁨까지
스리슬쩍 공수拱手 빚기도 하구요
어느 날,
느닷없이,
빈집에 쌓여 있던 무소식
전생의 문서 다닥다닥 밀고 들어와
밑도 끝도 없이 터 잡은 신발의 안부 뒤척이면
번지수 잃은 등본 어디에서 기억을 몰고 오죠?
설마가 사람 잡는
아닌 밤중에 홍두깨, 서울에서 나주까지
갓 낳은 아이가 엄마도 없이
일회용 자판기처럼 불쑥 튀어나오고
주인 없는 지폐 우물로 길어내는
밭두렁 길, 목 잘린 본적지 쿵쿵 문 두드리는
그런 포장지 왕창 뜯어 본 적 있나요?

하면, 선물은 피노키오일까요?
길 잃은 고라니 새끼 휙휙 무단 횡단하던 날
제동력 상실한 나의 나를 보았어요
시간은 미궁이고 충격은 공중분해죠
위로 치어다볼수록 집채만 한 입과 틀어쥔 목적지
벼락 치는 부재 중 종鐘 집집이 울리는 것인지
쾅쾅 긴급 발송 출입문 두드리는 날
문득,

4부

미궁과 허공사이

미궁과 허공 사이

브레이크 고장난 빨간 신호등은 무서워
조류독감 잠복 물 먹은 소 울음은 더 더 아득하지
교문 밖 바바리 맨은
한순간에 무너지는 화려한 반란
읽혀지지 않는 生 허기인 것인데
수천분의 1도 안 된다던
나트륨과 세늄 식탁을 넘봐요
시시때때 빗방울 교향곡 울리고 맑은 날
우박 쏟아지는 종말의 거리
미친 황사 몰려온 지상파 생방송 송신안테나
눈 빨간 우주 들어보셨나요?
초초마다 비워야 채워지는 주머니같이
문명의 폐광廢鑛 반쪽짜리 달 품고 자라면
누구라도 토끼꽃 배고 하늘 땅 별 땅 헤아릴 수 있을는지요?
후쿠시마 원전 따라 길길이 날아 든 요오드
오호, 세기말적 증후군 세척할 우울의 꽁지 좀 들여다봐요
빛바랜 세상 공약 계수하기 전 뒤바뀐 유전인자
물컹한 의혹 몰려가고 몰려오네요
딱딱하게 굳어버린 배변 뒤 변비 같이
통곡하듯 터져 나온 메마른 기침 토해보셨나요?
덕이 되지 않는 生 날것 강판에 갈아 건넨

설득의 알량한 프로세스일랑 아예 사양하겠어요
포만 뒤 곱배기 유지방 인스턴트나 본드 닮은 튀김옷 혹간
먹줄 튕기듯 생생 生의 뼛속 끝내 좀 먹죠
공중 배회한 의문 필사적으로 거부당한 얼굴 없는
지구촌 다큐멘터리 수은 씹어 삼키는
길은 사통팔달 아우토반!

페르소나 5

제 몸 깊이 박힌 암호 궁금하다며
한 사내 찾아왔다

손끝 무게 들어 올릴 음계 펼쳐보니
엄청나게 크고 위압적인 폭포 터져 나온다
쉽사리 자리바꿈 이루어지지 않는 안팎 높낮이
사내는 온몸으로 타전하지만
이미 몸밖에 흐른 애수의 장단 쉬이 추스르지 못한다
거리가 멀수록 마음만 긁적거리는
비화성, 더듬어낸 길 사정없이 흔들린다

그 사내 울타리 안에
어떤 운율의 꽃과 나무 피었다 시들었는지
옆집 김씨, 유씨도 모른다 했다
사내는 언제 끝날지 모를 도돌이 일상
손발 다 닳도록 오르내린다
등짐 덜어낼 때까지 빚어내는 율격
눈부시게 닦고 또 닦아낸다

그가 확실하게 읽어내지 못하는 것은
언제나 중심에 놓인 가온음이다
틈틈이 흐름에 몸 맡겨 솎아 올린 울림은

12음계 비구성 불협화음이다 일순
헛디딘 통로 반음 낮췄을 뿐인데
음양의 언어 전이된다

계류된 가락, 속 깊은 울림 펴 올리려 일생
거친 마음 가지 쳐내야 한다는 사실 눈치챘을까
매번 반음씩 앞질러 건너다 율격 깨트리는
심연, 어깨 힘 다 빠져나간 후
짚어낸 비음의 화성 햇살로 터져나온다
수심 깊은 전언 계단 사이로 넌출거린다
층층 통과한 명징한 울음

페르소나 6

— 검은 액체

긴 머리 늘어트린 영정 들고 선 사내와 딱, 마주쳤다
시선은 땅바닥에 자주 널브러졌다
길을 물어도 길은 오지 않아요 이름도 오지 않죠
무릎걸음 걷는 라마의 선승처럼
중앙선 넘어 검은 카펫 위 건너가는 저녁
누군가 최신형 휴대폰을 울린다
괜찮아, 벽은 허물 때 치유죠
간장 한 스푼의 불쾌감 같이
단단한 말과 물렁한 날말 어디쯤에 앉아
사내는 쓱쓱 눈을 비빈다
걸음 끝에 놓인 불두화 천하일색 표정으로 섰다
일순 눈에서 눈썹만큼 울음도
후딱 잘렸다
갓 서른을 꿈꾸던 날개 너무 가벼웠을까?
몹시 야윈 그러나 이마가 차가운 표정
물음 사이 스쳐간다
궤도를 비껴 앉은 달은 뜨지 않을 수 있죠. 인생 뭐 있어?
얇고 큰 입이 많은 혀 앵무새로 날고
난데없이 배달된 국화꽃 만발한 입관식
노란 리본 검은 구두 저벅저벅 계단을 오른다
나비도 아닌 것 꽃같이 꽃으로 나무 위를 걸었을까
고단함을 멈춘 쉼표와 세 옥타브 속 선율

정전된 눈물 찔끔거리는
구두 안경 신발 일제히 화엄華嚴에 묻힌 오후
그래, 초콜릿은 아니었어!
사방팔방 펑펑 허공은 깊다
암전인가, 단전인가?
한 눈 팔다 穴을 짚는 수족들 앞에
시방 나는 섰다

뻘, 유리流離골목 2

사각골목, 24시 편의점 입간판 옆
통유리벽 기대앉은 인간 마네킹을 만났다
막다른 골목 귀퉁이에 얼얼하게 구부러진 혓바닥
어깨 힘 잔뜩 넣고 개폼 잡는 술꾼들
흔들, 흔들거린다
연분홍 실루엣 걸친 데릴라가
하늘빛 넥타이를 틀어 맨 신사의
허리춤을 붙든다
왕성한 혈기의 비수가 몸 안 毒 되었을까
엉킨 젓갈이 늙은 아비와 어미 본거지 묻는
신원불명 소돔과 고모라 땅
휘황한 조명등 끌어안은 손발 급한 뒷골목
몇몇 하루살이 유리문을 두드린다
무슨 까닭 있어 속살 훤한 달강 무리지어
건너온 것인지
끝내 정신을 도둑맞고 혼합한 술 끌어안은 것인지
손톱 긴 밤 캄캄할수록 달의 뒤편에서
오래 머뭇거리는 익명의 음습한 발목
휙휙 낚아챈다

저물녘 숲의 전언

칼 친 바람 속에 비명 몇 숨어 산다

벗어 놓은 신발과 신발 속
숨은 그늘 빽빽하다
부정한 갈고리에 물음 끼워넣으면
할 말도 잃는 것일까 잡아둘 수 없는
풍경 놓친 새들의 비상, 정적 위로
떨어지는 울음 · 울음 · 울음의 소실점!
진서면 석포리 소래사 앞마당엔
초화문草花紋 정교하게 투각된
천년의 배흘림 모서리와 맞배지붕 모여
골고루 둥근 길 닦는다
찢어진 상처 감싸는 터득법은 이별이라는데
이타 이해와 오해의 총질 못 견뎠을까
수수 많은 손발 밀고 들어온 생각들,
뿌리는 열매이고 나무는 가지이므로
하시절 밑 빠진 독 물 빠지듯 건너가는
저 전신에 스미고 잇댄 공명空明 이라니!
고봉 찬 빛 한 사발 떠받든 전나무
숲, 은근한 문장 한 토막 시간을 닦는다

간조기

짜디짠 간조기 한 무더기 내걸렸다
간기 덜 빠진 조기의 전신에 칼칼한
막소금 후려치는 일쯤이야 이골 난 그녀가
온종일 굴비 한 생에 발이 묶여 있다
비린내 진동하는 싸락눈은 완강한 손짓으로
늑골 사이 흩뿌린다
지상의 냉기 서까래 밑에 걸려
고무다라 속 바다마저 제 풀에 넋 놓게 한 소소리
바람 길, 몸 안에 칼 친 굵직한
소금 알갱이는 염장 지른 오장육부 속
희고 아픈 꽃이다
절여 낭랑해 질 때까지
얼마나 많은 소금 꽃 엎뎌 살았을까
마음 한 토막 쓰윽 바다 뱃속을 더듬는데
두릅에 손 댄 내 몸마저 탱탱한 얼음 음계다
바싹 달라붙은 등허리 냉기를 업고
설핏 물음 한 입 포장해 사라지는 발바닥들
찔러 넣은 두 손마저 후딱 빼지 못한다
하늘 은하수도 소금알갱이로 총총 걸음 친다
어느 시 더 차디찬 허공에 풍장을 쳐야
등 푸른 봄 낚는 지천 될까
작살 내리 꽂는 줄포댁,
눈 빨간 백열등 아래 물 찬 소리 낭랑하다

그 사내, 수산업협동조합

고산댁 집에 들어선다
미처 빠져나오지 못한 생의 고삐 끌어안은
터, 깨어있는 듯 잠들어 산다
몇 년 며칠 어느 우주 무슨 요일에 나는 태어났지?
복강경 수술하던 날 늦은 질문하던 그녀,
영농자금 수산업청년사업 융자금
농협 채무로 뼈만 남은 생사 모퉁이
산 입에 거미줄 친다
그러거나 말거나 가두리 양식된 인생
사내는 '가장'이란 명사 아래 일상 꿈꾸는 다락방이다
고산댁은 유리바닥에 눌린 순종과 복종의
줄 자 앞에 앉았다
언제부턴가 선택은 도마 위의 생선이다
무엇을 위한 낯설음인가
그녀 요리는 매번 '맛없음'에 갇힌다
한 해 휩쓸고 간 가두리 양식 그림자
복어로 부풀어 오른다
등뼈 된 사유 흡사 알타미라 동굴인 듯 무늬로 박힌
고산댁, 씨앗을 손질한다
부정도 긍정도 아닌 변론 곧추 세울 수 없는
일용할 양식
느닷없이 울음보 터트리는 아이처럼

공중 도는 그, 그녀 눈 속에 눈

길을 묻는다

월요일에 대한 담론

무슨 꽃 심었니?

인기척 따라 잠에서 깬 이른 아침
베란다 귀퉁이 시클라멘, 심지를 드러내고 있었지
때때로 기다림은 간절하고 만남은 울컥해

너는 우울의 뿌리 어느 부적에 옮겨 심은 거야?

생의 어금니로 시들한 줄기 일으켜 세울 수 있을까?
부질없는 생각 건조대에 가득 널고
미등만 켠 채 대형마트 빠져나가는 네 그림자 목격했지

어쨌든 간밤에 밀쳐둔 통통 부은 소설책과 일그러진 디저트와
씹다만 랍스타 빨대 꽂힌 에스프레소
버린 듯 던져 놓은 란제리, 싱싱한 낙지였어

그러거나 말거나 전자동 세탁기는 규칙적으로 대기 중이지
잘려나간 북어 대가리가 지친 저녁을 깨우면
흠집 많은 아침 열리기 마련이어서

안식일 간신히 부축한 소파도

목요일 무게 반쯤 누인 것인데 10년 공들여 마침내
단 하루라도 꽃 필 수 있는 촉 기대하던
공작선인장은 안전하니?

조바심이 니코틴을 부르듯 그 빨래집게에 갇힌 널 본 후
문득 먼지 수북한 서랍 떠올렸지
난간에 기댄 깨진 화분과 장독 사이로 아이 둘 셋 지나가고
그때마다 지각생 같이 담 밖에 웅크리고 앉은 책가방
목격 되었어, 손 많이 닿는 곳에
부실한 기둥뿌리 옮겨 심던 처마 끝

동시다발 120개 채널에서 25시 재방송된
광야의 활주 꿈꾸었니?
국경 넘나드는 호피무늬 도둑고양이와
언제든 골라 먹을 수 있는 갖가지 생사 메뉴,
필터 갈아 끼운 네 화분에도 필연 햇빛은 피겠지?

버릴 수 없는 것 되레 발등에 앉기 마련이므로
룰루랄라 시방 분갈이 중

전람회

관冠이 높은 주체와 객체 꿈틀거린다

정지된 이미지 불러 모은 가상의 이미저리,
그림자는 사방연속무늬 흑백과 빨강
보라 청록 사이에서 점과 선 북북 기어다닌다
숨표는 맥박과 호흡을 관통해
유리 문턱 밟고 잠긴 창 넘어 다니기도 하므로
지구에서 안드로메다로 카라코람에서 사하라 사막까지
안팎 직시하는 눈은 시간차 공격이다
오른쪽 벽과 벽 거쳐 어둠 도려낸 표구 속 우주
의미가 의미 밖 중앙에 들어앉아
절대 감각 순수 파스텔을 지향하는 것일까
앞뒤 원근에 기대지 않은 몇몇 암호성 기호
공간은 밑줄 친 해설의 단서 제공 중이다
말하자면 볼 줄 아는 눈과 보는 척 하는 눈과
볼 수 없는 눈 사이 줄거리 모아
액자 깊숙이 몇 가닥 숨겨둔 언어 뒤 언어는
붓끝이 절경이다
우는 아이와 찡그린 여자 사이는 몇 뼘의 거리일까
세계의 모든 눈과 기척과 기침
아무도 모르거나 아무라도 미루어 짐작할 수 있는
다음 그 다음 해 명암 위를 지나간다

모자를 눌러 쓴 그림 속 그림은 자라목이다
제 멋대로 지나가는 색채는 자유롭게 날 수 있을 만큼의 날개
의문부호 찍힌 봉투 속 발색도 사유의 채색이어서
그 거리의 방법론 집중 붓질한 달의 목록 끌어당긴다
쪼갤 수 없는 무늬 건너다니는 수만 수천의 손 · 발
한 곳 여러 생 엎드린 크기와 질량
해설된 영감靈感 단체로 밀어 넣는다

나는 너에 무엇으로 빛나거나 점멸되는가
기울어진 탑, 닫힌 유리

뒤따라 나온 의문부호는 길의 표면 닦는
보랏빛 애드벌룬인가 눈 뜨고도
쉽게 끌어내지 못한 뿔에 대한 고찰
유레카! 반전과 역설의 블랙홀
텅 빈 채움은 똑 부러질 수 없는 기나긴 다리다
모자처럼 천천히 들어 올리는 모서리 안
액자, 허공에 걸렸다

오동나무 속 가얏고

빈속이 가얏고를 낳는다
예부터 좀 노는 이들이 열린 구멍 속으로
소리를 집어넣고 흥청거렸노라 손가락질 해댄 측근 많다
무엇을 훔쳐 속주머니 속에 생을 집어넣었을까
반쯤 열린 구멍 안쪽 음양의 기척
구구절절 난간에 걸린 줄 하나 타고 내려닿는다
열 두 가닥 현 천만 갈래 길로 눕는다
가닥 뜯는 손끝 소리는 혼의 울림이어서
밤마다 가슴 쓸어내리는 목울음은
천지 뒤흔드는 법이라는데
뜯고 뜯기는 가닥 앞에 허(虛)한 살점 몇
풍장 치는 낮달
오동나무 속 가얏고 제 속 비워내기 바쁘다
비워내야 마침내 채워진다는 사실 앞에 진정
퍼내고 퍼내 뚫린 울림!
푸르거나 검은 줄기는 오래 빚은 득음의 경지인가
길은 닦을수록 달빛이다
*달하 노피곰 도다샤 어긔야 머리곰 비치오리다**…
하나의 운율은 또 다른 운율을 불러오고
명창은 온 정신으로 다선율을 품어 안는 것인데
정작 가슴 부여잡은 관객은 줄 끝에서
어설픈 추임새 몇 가닥 매달고 천태만상으로 흥청거린다

그래, 노는 것이란 내 속의 나를 풀어내는 것
달빛 아래 청聽과 구멍 뚫린 문간
쪽빛 문맥으로 술렁거린다
잔뜩 어깨 웅크린 국화 몇 잎 돌고 돌아 바람 끝 서성거린다
노는 자와 떠나는 자 사이에
우리는 어떤 글귀를 적어냈을까 텅 빈 쪽마루 곁
걸터앉은 장단, 소리는 알이요 날개다

* 정읍사井邑詞 백제가요.

매미

산 능선 오르다 모과나무 위에 얹힌
낡은 옷 한 벌 직시한다

제 안 날개깃 세울 때까지
7년 기다림 혹은 그 너머 어둠 찢고 나온 울음
마침내 우화등선羽化登仙 한 것이 매미라는데

무슨 연고로 작열하는 엘리뇨 사위어
쓰름쓰름 빌딩 숲 필사적으로 파고드는 것일까

습하고 어둔 밑바닥 차고 일어나
목쉬도록 기다림 독毒 짓다
며칠 내 절단나는 가여움만은 아닐 터!
종국에 제 목숨보다 단단한 절규 온몸 밀어 그물 친다
39.5℃ 불의 혀, 도시는 잠 못 들고

한때 애벌 껍데기 벗어 던지지 못해
잘 아는 길도 헤매 다니던 퍼득임
길을 찾는다

진혼굿, 유골 70년

홋카이도 슈마리나이* 깊숙한 늪
댐 공사 현장에서 모셔왔다 했다

10년째 오래 지속된 강제노동의 다비식
목격한 늦은 오후
남모르게 숨겨온 강제징용 마침내 외곽으로
신원 확인된 넋 옛터를 직시한다
하얀 자작나무 무성한 조릿대 더미 위에
비장하게 누워 있던 주검

좁고 야트막한 구덩이 속 맨바닥에 방치된 생사는
어떤 살풀이로 끌려간 광야를 품을까
파열된 몸의 뿌리는
쪼그려 누운 무저항 주검인 것인데
오열에 대한 견고한 곡절, 뒤엉킨 학살을 토한다
아무도 근원에 짓밟힌 뼈 살피지 못했으므로
묻히고 묻힌 신음은 한 점 넋인가

뒤돌아볼 겨를 없어 등 뒤 수렁을 낳아도
병든 가지 뒤엉켜 썩지 못한
오래 묵살된 이장移葬
냉장고를 얼지 않도록 끌어안아야 존재하는 영하 40℃

냉혈한 길, 굶주린 채찍은 동지섣달이다

폭우 뚫고 두세 겹 십자 사슬 힘껏 내리쳐도
땅 속 깊은 산화의 현장 선연해
아무래도 함부로 이름 부를 수 없는
위령제, 억장 무너진 유골 안치 끝끝내
고향은 뿌리다

* 홋카이도 슈마리나이 : 일제강점기 시절 일본 홋카이도에서 나라 잃은 설움 속에서 강제 노역을 하다 돌아가신 115명의 유골이 2015년 9월 18일 서울에 도착. 서울 광장에서 장례식이 엄수되었다. 20일 오전 파주 서울시립묘지 납골당에 안치됨.

김씨네 철물점

고장 잦은 기호, 아무도 읽어내지 못했다
얇아진 종잇장 물체 짚어 나가다보면
무던히 견딘 흔적 역력하다
척추 휘고 골절된 잡동사니 너절한 점포에 쭈그리고 앉아
헐거워진 생 조립하다 어긋난 너트 들여다본다
부스러진 관절 부위 수리해 조목조목 끼워 맞춘 그림자
기울어진 뼈마디와 관 속에 갇힌 먼지 긁적거려
부활의 몸 재가동시켜 보면
손닿지 않아 녹슨 生 그늘 깊다

그때
산부인과 분만대기실에 누워 있었지
신원불명 칠삭둥이 아이가 인큐베이터도 없이 엄마 손 기다리며
까만 눈동자 껌뻑거렸어 어둠 올 때까지 간호사는 귀퉁이 움켜 쥔
아이를 건너고 건너다녔지 철꺽철꺽, 군화 같은 가위 소리 몰려오고
소독 안 된 배꼽울음 움켜쥐던 갓난아이는
딸꾹질 나는 심장 통째 들어낸 채 희고 얇은 싸개 붕대처럼 감고
乳腺도 없이 어른들 노크했어 목 메이도록 시선은 오지 않고
요람 없는 저녁 째깍째깍 길 떠난
이튿날 새벽, 아이는 어느 행성에 도달했을까

헐거워진 기형의 골절상 아물지 않아

끊겼다 덧붙인 이음새 눈치챘으므로
쥔장은 흘끔, 은박 아로새긴 어떤 품목의
크기와 넓이 높이와 무게 우주 저편까지 펼친다
좌우 견적 내며 오래전 내가
탈 없이 걸어 나갔음에 대해 일목요연한 사용증명서 전개한다
광채 속에 잠식된 기능과 아귀 맞춘 나사와
물줄기 선명했던 홋수

몸이 말을 듣지 않아 수로 차단하기 전까지 손닿지 않은
길, 익숙하고 헐거워진 것으로부터 눈 깜짝할 새
하나 둘 작별을 선고 중이었을까
뒷목 치는 삐걱거림과 관절 통증과 복숭아뼈의 절뚝거림에 대해
아득해진 무관심 경계 조명중이다
소중한 것일수록 언제나 멀리 눈 뜨는 것이므로
반추된 기의와 기표
제 격 찾아 젖은 문장 조립 중이다

닻

물길 막힌 뻘밭, 폐선으로 누웠다

바다가 아가미를 벌리면
막소금 후려친 짜디짠 염장 흘러나오던
수심, 반쯤 벌어진 컴컴한 목구멍
그 깊숙이 해부 당한 물살
어디서 쏟아져 나오는 적조현상인가
갈증에 시달려 서해 둑을 걸어보니
비린 갯바람만 어슬렁거린다
일시에 굴착 당한 생의 매립 탓에
먹이사슬을 잃은 어족들 점점 먼 바다로 휘돈다
바다는 찌든 제 생 닦아낼 테지만
포구 떠난 사람들은
어깨 고단한 기척이나 전할까
한때 개펄이 뭍으로 닿는 지름길 되기도 했던 곳
길은 또 다른 길을 잉태하기 마련인지
노랑부리저어, 큰기러기, 쇠청다리도요사촌, 물떼새…
나그네 새 한 마리 보이지 않는 뻘밭까지
고속도로 아스팔트 이마가 훤하다
더러는 제 빛깔 바꾸어 버린 지척 멀리 떠나와
어린魚鱗을 보듬고 사는 일용직
노동자들, 수심 짙은 소금 기둥으로 섰다

내소사

폭우 내리치는 거문고 소리 들렸네
칼바람 뒤엉킨 나무의
몸, 하늘 얼싸 안은 채
제 곧은 횡경막 사이로 뿌리깊은 득음
틀어 올리고 있었네
배꼽 깊숙이 똬리 튼 생채기 팽팽히 끌어안고
거친 폭우 명창으로 잠재우고 사는
천년지기 나. 무. 아래에서
한참씩 길을 잃었네
그림자 없는 밝음 어디 있을까만
제 온몸으로 천지사방 공명 밀어 올리고 있네
암흑에 묻혀 살던 이생의
근종, 마침내 잘 익은 정신만 명약임을 눈치챈 걸까
한때 견뎌내지 못해 시술한
살肉 지워진 자리마다 수혈 받은 느티 목
쑤욱 쑥 키발 들고 사네
매표소 앞 어스름한 길목 위에
다시 눈뜨는 봄, 지천 가득 초록 문 열렸네

검은 말의 무늬

착지 불안정한 날개 달린 고성
무의미가 의미를 밟고 섰다
설움 졸라매던 질문 많은 고리
거슬러 오른 번제煩提를 잘라낸다
한 생이 다른 생을
문밖으로 밀치는 순간 거침없는 받침
공중 나는 도발을 꿈꾼 것인지
중력 이기지 못한 언어는 미끄라지다

비밀 숫자 누르면 스르르 열리는
버튼식도어록 같이 몇 구절 취해 날뛴
단어와 단어의 곡절이 문제였다

어느 국화꽃 계절이었을까
비상 깜박이에 기대 안개 길 빠져나온 적 있다
형체 없는 유령
잘못 발음한 ㅓ와 ㅡ, ㄷ과 ㅊ 비켜 건너느라
지명 따라 캄캄하던 길의 저켠
오래된 사원일수록 뒤가 밟히는 것이어서
정수리에서 발끝 서늘한 묘연한 마침표
허허벌판을 가위질했다

>

결결 투명 가장한 불꽃 튀는 그늘
ㅣ모음과 ㅜ모음 밀치고 당긴
앞뒤 다선율 문장 종국에 일맥상통하므로
제 삶 건넌 어둔 잔해 살짝 끌어 앉힌
늦은 저녁, 알아들을 수 없는 낱말 건져 올린다

귓속에 갇힌 받침의 깊이와 칼집을 낸
얼음보다 차가운 입술 사이 메타포
알을 깬 길 하나 연다

전자상가
— 수목화토금

허름한 상가 민유리창 밖으로
먼지 낀 손자국 층층 차올랐다
활어 치는 무늬 떼로 서성이는
그 안쪽 너머로
한때 반짝이던 따끈따끈한 압력밥솥과
신경 줄 늘어진 반자동 교환기부품
백열전구 아래 해체되었다

쉴 틈 없이 음양 가동 중인 '전자상회'
배꼽에서 대각선 쪽 회로 실종된 생의 부품
재생하는 도화선 희끗 희끗하다
다 낡은 어선 타고 유랑 나간 어부 같이 더는
밀려날 수 없는 예각의 마름모꼴
뿔뿔이 내려앉은 전류 덩어리
모서리 쪼개진 문살 밖으로 투영된다

십자 나사못 박는 손

미끄러지듯 휘어진 등뼈 건너 불 밝혔을까
녹슨 드라이버 따라 뿔뿔이 소행성 맴도는
사선의 어깨 밖 녹슨 소립자 기호
끝내 헐값으로 배치된 내부 통째 드러낸 것인지

반복적 습관 뒤엉킨 전신 신원 조회 중이다
한꺼번에 쏟아져 나온
분진 환한 어둠 우글우글 토해내는 양극성
파문, 출입구 안쪽에 바싹 귀를 대면
복제된 온오프 라디오 트롯소리 들린다

오작동 된 스위치 내벽 습기 밴 찌꺼기 끄집어내려
밤새 땀땀이 쏟아 부었을 들숨날숨 가속페달
간혹, 닫혔던 문 열리는 날은
도로망 안팎 시골영감 기차놀이 도부룩한 전파
기적을 울린다

돌고도는물레방아내나이가어때서네박자네박자인생은미완성
아빠는마도로스다얄리얄리얄라성*뿜빠뿜빠뿜바빠~

완강한 경계 꽉 틀어 쥔 드라이버
해체와 조립 잇닿는 행간의 가락
밤늦도록 달그락거린다

* 얄리얄리얄라셩 : 흥을 돋우기 위한 무의미한 운율적 후렴구(고려 청산별곡에서 차용).

눈雪에 대한 관찰
— 백석을 생각하며

한 끼 식사 위해
손발들은 또 저렇듯 가속으로 에돌다
풍경으로 지워졌을까
경계 높을수록 아우성은 자라고
뼈 시리게 파고드는 초고속 형식과 법칙
인적 없는 거리에 몰려 앉은 칼바람 떼
눈, 눈, 눈, 눈물 젖은 명사 속 결정체에 빠져
나는 국수를 삶는다

국수를 삶으며 어제와 오늘에 대하여
순덕이와 명자언니 요셉 라우렌시오와 전학 간 아이에 대하여
두고 온 이야기와 건네받은 소설에 대하여
광주리와 채반 그해 가래떡과 동치미와
내 유년 떠받든 대들보 복사본에 대하여
생각한다, 생각하며 민유리창을 들여다본다

최고조 열을 가할수록 가닥가닥
부풀어 오른 희고 선명한 거품
걷어낸다, 거품을 몰아내며 또 생각한다
집 밖으로 바글바글 토해져 나오는
짧고 긴 길고 자잘한 발단의 막과 장

누구나 한번쯤 배경 뒤 배경 건너다보았을
아픔인지 자유인지 자유 밖 통증인지
더 크게 더 높이 현기증 나는 독수리로 날개 친다
문득 시선 닿지 않아 완성 못한 나라타즈* 차차
멀리 다가올 때 보인다

아무도 부른 적 없고 아무도 머무른 적 없는 21세기
찹쌀떡~ 아득아득 몰려온다
가열된 온도 심층 파고들수록 희고 말끔한
제 속살 한껏 부풀린다
한 곳 여러 생 월담하는 저녁,
벌목 당한 햇살 그리움을 포갠다
때마다 여울목으로 흐르는 만인을 위한 성찬

동백나무 위 전나무 위 가로등 위 희고 고운 눈
서성거리다 비껴 건너다 이내 전선에 걸려 뛰어 내린다
누가 배고픈 골목에서 떨고 있었던 것일까
여정 풀어놓은 국수가닥 말아
묵은지 끝에 친친 감아 올린 결, 결

* 나라타즈narratage : 나레이션(해설)과 몽타즈의 합성어.

아무르 강가에서

— 카레이스키

먼저 건넌 자가 물길 연다
검푸른 연해주

알에서 깨어나듯 장단 가락 두드리며
선율 속 안부를 짓는다
이미 몸짓 눈짓 제 등짝 된 이웃,
시간은 흘러도 기억은 남는가
뼈 있는 사유 곡에 곡 더 한다
아리랑 구절 속 시린 눈매
고비고비 끌어안는 법 터득하였으므로
기록된 문장 후대 위한 모국어로 저장 중이다
느닷없이 광야로 광야로만 쫓겨 끌려나온
꼬레아!
갈대밭에 내동댕이쳐진 그 밤은 어떤
독약 처방으로 덧난 상처 끌어안았을까
뿌리는 잔뿌리의 성체이어서
거듭 곱씹어 이 끝에서 저 끝으로 접속 중이다
우수리 강 동쪽 연해주, 국경 마주한 혹한
피 묻은 전신주로 우뚝 섰다
예고 없이 들이닥친 악몽이라도 조국은 등대이므로
면도날 같은 냉기와 굶주림 보듬은
강제 이주, 갈대와 운하 손톱 끝에 날을 세웠다

극동 전역 논바닥 가득 엎딘 황무지 땅
하바롭스크 다리 위 노을 아무르 등살 밀어 올린다

길, 어둠, 시간의 탄생

바람농간에 밑동을 잘라 먹히거나
발밑 비탈 쫓다 그리움 밑자락 된
미친 가을 산
피아골 구절 양장한 계곡 아래로 한 발 내려닿는 순간
허리의 각 욱신거린다
급경사와 능선, 만나고 헤어지는 일이야 허다하지만
골 깊은 음양 끝없이 이어져 있어
에둘러 선 지천 욕심 없이 끌어안는다는 것은
늘 숨 가쁜 일이다
삶은 서로 진저리치며 나를 내려놓고 껴안는 것
껴안아 일생 한 몸 한뜻으로 뿌리내리는 것
누가 함부로 계곡에 발을 밀어 넣어 제 살 찢겠는가
굽은 등살로 한 시절 업어 나르던 저 구구한 물살도
파랑 치는 세월 여태껏 없었을 리 만무한 일일 터,
옹이 박힌 굴참나무 허리춤 번번이
바람 실소에 온몸 부빈다
애면글면 한 고비 올라서 숨찬 길 에둘러 훔쳐볼 뿐인데
누대累代에 걸친 울울한 숲인지
굽이굽이 핏발로 내려쓴 심혈, 경사 급할수록
추풍에 매달린 해낭 낮게 더 낮게 작열한다

숲, 뿌리 깊은 나무

아마도
푸른 속살 벤 아픔이었지 싶다
칼바람 치는 눈비 맞아 흠씬 젖어도 꼼짝 않던 너
악몽을 덮고 있었다
역사 속 앙금과 간밤 내 관절 부러진 통증
차분히 비껴 세우고
쉭 쉬링…쉬링…짙푸르게 돌진하고 있었다
그렇게 해마다 헐어진 빈자리
잔뿌리로 채워가며 커다란
원목재단을 쌓고 범상치 않은 고요를 지킨 너

때론 가진 것들 죄 희사喜捨하고
때론 죽음마저 두렵지 않은
버릴 것 버리는 희락 속에 사는 생
늘 같은 자리 일정한 보폭 사이로
네 안에 너 더욱 풍요롭고
그 뿌리 깊은 생, 何 누군들 짐작이나 하랴

뼈마디 휜 채 골골이 영그는 풍요로움
해마다 넘치긴 넘친 건지
때 되면 나눠주고 기꺼이 제 것
사르르… 벗어 던지는 용기 있어

세상 어느 것들처럼 빈貧의 혈血타고
썩어져 고름 되지 않으니
해마다 가벼워지나 결코 가벼이 볼 일 아니구나
스스로 욕심 찬 비만 비워 없앨 수 있을 때
누구도 어찌할 수 없는 툭,툭 불거지는
저 6월의 푸른 정맥
울울창창鬱鬱蒼蒼 더 큰 숲 이룰 수 있음을.

해설

심연과 적요로 흐르는 시간;
존재론적 암호의 산종 혹은 기호의 해독

김석준 문학평론가

심연과 적요로 흐르는 시간;
존재론적 암호의 산종 혹은 기호의 해독

김석준 문학평론가

역시 문제는 길 위의 삶과 속도에 매인 존재론적 관계였다. 분명 페달은 너 또는 나를 미망의 어디쯤으로 데려가 생에 속한 모든 것을 미궁의 표현법으로 만족시키게 된다. 어쩌면 산다는 것 자체는 바로 환상일지도 모르겠다. 유려하게 흘러내려 바흐에게 속했던 여율을 오펜바흐의 눈물로 변주시켜 마침내 인간학적 비애의 절정에 도달하게 만든다. 도대체 삶이란 무엇인가? 시종일관 시인이 속도에 속한 관계망을 서사화할 때, 과연 백소연 시인이 인지한 저화성의 체계는 어떠한 존재의 음률과 조우하는 미적 형식인가?

심연과 적요로 흘러내려 마침내 인간학에 관한 모든 것을 관계와 관계로 관계와 파편으로 산종시켜 기술하게 된다. 마치 금번 상재한 백소연 시인의『페달링의 원리』는 다양한 배경음악으로 서사화하면서 너 또는 내가 도달해야만 하는 운명의 광시곡을 다각의 색채로 탄주하고 있다. 말하자면 페달링의 원리는 일상의 삶을 변주하는 원리로 재구성하여 서사적 면모를 세밀하게 묘파하고 있는 것이다. 그렇다면 심연은 무엇이고 적요는 어떤 의미의 사태인가? 분명 심연에 속한 교향곡과 협주곡을 다각의 구성법으로 노래한 것 같다. 이는 쇤베르크와 바흐 사이에 매개된 운명의 서사일 것이다. 그러나 우리는 그 본질이 무엇인지 모른다. 그저 환상과 속도 사이에서 헤매다 비바체 크레센도(매우 빠르고 점점 세게)로 탄주되고 그 모든 음률이 라르고 피아니시모로 탈구시키게 된다는 사실만을 알 뿐이다. 물론 시인의 그것이 천 개의 고원 위를 질주하듯 유려하게 흘러내려 쇼팽과 베토벤 사이를 자유자재로 넘나들고 있는 것이다. 따라서 시인이 전개한 일련의 시말운동이 모차르트 음표를 레퀴엠으로 변주시키는 곳에서 생성된 죽음의 광시곡처럼 느껴지기도 한다. 어찌 그것이 해독하는 시인 고유의 페르소나 즉 언어적 전략이 아니라고 단언할 수 있겠는가?

관계란 자기 가면을 파헤치는 진실의 언어이다. 때론 한없이 황홀한 심경을 녹턴의 여리고 섬세한 선율로 노래하면서, 때론 리스트와 말러의 대교향악의 웅장한 울림에 압도당하기도 하면서, 백소연 시인은 자신의 고유한 페달링을 완성해 가고 있다. 그것은 미처 "부화되지 못한 언어"(「개기월식」)에 가닿기를 열망하는 시인 고유의 암호이기도 하다. 시인이 전개한 일련의 시말운동은 일상의 파편들을 다양한 음조로 산종시켜 생의 의미를 진지하게 되묻는 암호로 간주되어야 마땅하지 않을까. 그것이 바로 삶을 해독하는 시인 고유의 독특한 기법임을 명심해야 한다. 왜냐하면 우리는 본질에 가닿는 순간 이미 비존재의 욕망을 충족시키는 타자로 몰락해 미망으로 산화될 수도 있기 때문이다. 보다 정확하게 말해서 시인이 전개한 일련의 시말운동은 "태초의 말씀"과 "천국의 시간"(「태초의 노래가 흑암에서」)을 "숲의 설법"(「푸른 경전」) 즉 나무의 전언으로 풀어냈으며 너무도 단단해 쉬이 그 의미를 분석한다거나 해체시키기를 허락하지 않는 것 같다. 왜 그는 일련의 서사적 징후를 견고한 나무의 전언으로 자신의 체제를 접속시켜 해석되기를 거부한 채 적요의 상태에 도달하기를 열망하는가. 물론 시인의 그것이 일상적 삶의 심연을 내밀하게 응시하고 있고, 또 그것을 길의 무늬로 그려내고 있다고 보여진다. 이는 표현 가능하지 않은 것을 표현 가능하게 만드는 창작기법으로 활용된 시인 특유의 언어의 구성법이라 하겠다. 다시 말해서 금번 상재한 백소연 시인의 『페달링의 원리』는 전통의 시작법에서 일탈해 음악적 연주기법을 시말운동과 매개시키고 서사를 상면시키는 시인 특유의 창작원리이다. 마치 아도르노의 『미학』이 쇤베르크의 12음계 위에서 탄주되는 새로운 체제를 구성했었던 전무후무한 사태였듯, 백소연 시인도 시말과 시말 사이를 무한히 증폭시켜 생사 진실을 추적 중인데, 어쩌면 그것은 사회적 인과관계의 암호를 해독하는 과정에 생성된 의미론적 기법, 즉 다양한 존재의 문양일지도 모른다. 물론 의미 저쪽에 죽음이라는 마물이 위치해 생의 모든 것을 탈구시키겠지만, 일련의 시말운동이 심연과 적요에 응고된 채 다양한 무늬로 구성된 삶의 진실임을 명심해야 한다. 그러나 그러한 사실에도 불구하고 삶의 여율을 페달링하는 백소연 시인의 일련의 작품들은 성긴 듯 아주 결속이 단단해 쉬이 해석을 허락하지 않는다. 아니 깨지기를 거부한 채 생의 다양한 암호로 시말운동 해석의 저쪽에 위치하기를 열망하는듯 하다. 왜 백소연 시인의 그것은 쉬운 듯 어렵고, 막연한 듯 선명한가.

시인의 페달링 기법, 즉 시간을 포착하는 시창작방법론은 영원과 순간을 극명하게 대비시키면서 들뢰즈 식으로 시간의 파편들을 리좀처럼 증식시켜 의미의 한계를 초월해 가고 있기 때문이리라 사려된다. 그것은 속도에 편승해 있는 인간학을 표현하는 최선의 방식이자 시간의 관계포착이거나 포획할 수 있는 단 하나의 방법이었을 게다. 지극히 직관적이지만, 태도는 단호하다. 왜냐하면 그것이 바로 생사 존립 방식이기 때문이다. 마치 모든 비평적 행위를 무위로 되돌려 보내기를 원했던 수전 손탁처럼, 시인도 시간에 속한 모든 것을 심연과 적요 앞으로 되돌려 보낸다. 이는 심연과 적요만이 속도를 붙들어 맬 수 있는 단 하나의 전략적인 장소이기 때문이다. 그러나 시간은 여전히 천 개의 고원 위를 리좀처럼 질주하는 야생마이자 포착하자마자 투명하게 산화되는 아스라한 그림자로만 남는 그 무엇이다. 일련의 시말들은 그 사라져 기화 중인 시간을 혹은 속도를 낚아채기 위해, 호시탐탐 노리고 있는 음흉한 기억의 잔해물로 기록하고 있는지 모른다. 설령 시말운동이 재봉틀을 페달링하듯 정성스럽게 감고 봉합해 낯설은 풍경 속으로 우리를 데려가고 있지만, 어찌 그것이 심연과 적요로 흐르지 않는다고 확언할 수 있겠는가. 시는 잘 읽히지만, 비평을 허락하기를 거부하는 듯 자기만의 고유한 미적 체계로 나아가는 듯하다.

천연덕스럽다. 말을 놓치고 빰치며 자유자재로 가지고

놀았으며, 마침내 말의 정령들과 정면으로 마주선다. 리좀처럼 언어가 언어를 도발해 무한 증식시킨다. 일상을 정성스럽게 페달링하는 섬세한 손길은 관계, 즉 진리가 구성되는 존재의 아름다운 여율이다. 또 다시 해석의 틀 안에 갇히기를 거부했고, 고집스럽게 시간과 정면으로 마주선 채 내밀하게 자신의 고유한 구성법을 탄주하고 있다.

백소연 시인의 시들이 재미있는 것은 읽으면 읽을수록 해석이라는 틀을 내려놓고 텍스트 그 자체를 탐미하고 싶다는 충동에 자주 사로잡힌다는 점이다. 마치 롤랑 바르트가 『텍스트의 즐거움』에서 행한 일련의 주이상스처럼, 혹은 쇼팽의 「즉흥환상곡」에 표현된 유리한 변주처럼, 백소연 시인의 『페달링의 원리』를 향락하고 소비하며 일체의 해석에 반하는 태도를 취한 채 자유자재로 말과 말 사이를 유려하게 흘러 내려가고 싶다.

햇살 한줌 기이다란 그림자 들어 올린다

비탈에 선 사람주나무
동파에 찢긴 겨드랑이 사이로
텃새 한 마리 푸두둥 날아돈다
한 번의 비행 위해 수백 수천 날갯짓 번뜩인다
온몸 밀어 올린 목안에 잠긴 말
바람 찬 칼날 에워싼다
우연은 필연의 연속적 주제이어서
홍안에 싸인 문장 건너다보면 공중 부양하는
질깃한 활화산 온통 적멸보궁이다

늑골 가득 광풍 지나간 흔적 역력한 능선
나도 한때 한 폭 걸음 미끌려 계곡 깊었을까
셈이 급한 중량 그늘 아래 우뚝우뚝 멈춰 선다
저마다 행선지 알 수 없는 휘우듬한 깃
캄캄한 잠 찢는 뿌리 깊은
우듬지, 부활을 꿈꾼다

—「나무, 연어를 꿈꾸다」 전문

문제는 주름진 존재의 문양이 그림자로 탄화되는 과정 중에 발생한다는 사실이다. "심연"과 "적요"(「물 밖과 물안」) 사이를 가로지르는 생에의 여율을 가늠해본다. 그리고 "천 개의 물음과 만 개의 질문"(「감전」) 사이를 배회하다 결국 미궁에 당도해 시간에 속한 모든 것을 적멸의 공간으로 되돌려 보낸다. "지상의 무게"(「천체 관측」)는 여전히 무거운가. 삶의 "격랑(「다국적 모임」)은 아직도 떠밀린 채 표류하고 있는가. 도저히 실현 가능하지 않은 꿈을 꾸며 환상의 어디쯤에 당도해 화려한 "부활"의 "날개 짓"을 소망해 본다. 이를테면 「나무, 연어를 꿈꾸다」는 『페달링의 원리』 전체를 알레고리로 표현한 프롤로그이자 에필로그로 해당하는 작품인데, 어쩌면 그것은 관계성의 숙명과 마주선 시인 자신의 모습을 새로운 체제로 페달링하는 자기 변신의 전언인지도 모른다.

"나무"가 전하는 꿈의 전언 혹은 "우연"과 "필연" 사이에 매개된 생명의 신비. 그것은 여전히 속도의 선율이 만든 불가능한 서사일 개연성이 높다. 아니 "연어"가 되기를 꿈꾸는 나무는 연목구어일 뿐만 아니라, 너 또는 나를 "행선지"

가 어디인지 전혀 모르는 "비탈"로 데려가 타자의 욕망을 만족시키게 될 것이다. 물론 연어는 제 한 몸 온전히 살신하는 모성성을 드러내며 새생명을 부활시키는 투지를 보여준다. 주검처럼 고요해도 겨울이 지나고 나면 나무는 새생명을 틔우게 되는 바로 그 정경이다. 그로 인해 "목안에 잠긴 말"을 내뱉고 또 "홍안"에 싸인 "문장"을 발화시키는 계기로 적용하겠지만, 따라서 일련의 시말운동이 불가능한 그 무엇과 마주선 일상의 기호를 "사람주나무"의 전언으로 육화시킨 것이지만, 어쨌든 백소연 시인의 그것들은 의미의 구성법을 전혀 다른 질감의 터치로 소묘하는 낯선 풍경을 연출하고 있다. 때론 아주 섬세한 안단테 칸타빌레, 즉 아주 느릿느릿 서정적으로 노래하듯 흐르는 선율을 포착해 생의 기호를 유려하게 그려내면서, 때론 알레그로와 비바체 사이에 매개된 격정적인 삶의 "활화산"을 시말로 안치시키면서, 시인은 자기 고유의 페르소나를 구축해가고 있다. 관계 속에 가닿는 그곳에 남아있는 흔적을 퍼즐형식으로 산종시키는 방식으로 시말운동을 전개하고 있지만, 그것은 존재하는 방식이거나 시인이 포착한 시간에 관한 의식이라 하겠다. 말하자면 페달링의 원리가 시말의 표현되는 구체적인 방법론이라면, 일련의 의식은 새로운 시창작 방법을 추구하게 되는 내적 원리라 하겠다. 그러나 여전히 관계는 너 또는 나를 "바람 찬 칼날" 어디쯤으로 데려가 생에 속한 모든 것을 슬픔의 눈물로 기화시킨다. 속절없이 흘러 우리를 미명에 닿게 만들어버린다. 연어가 제 생명을 온전히 산화시켜 생명을 출산하듯 봄볕이 찾아오면 나무도 부활을 잉태한다.

물의 나라 통째 게워낼 때까지 나는
보이는 것과 보여 지는 간극에 서 있었다
—「물고기 다녀가셨다」 부분

의식과 무의식 경계 오고 간다
—「구멍, 살처분」 부분

대체 몇 억만 번의 폭설과 몇 수수곡절 폭우
저들을 건너가고 건너온 것일까
—「또 다른 생」 부분

베드로가 예수를 세 번 부인한 양질의 속내 뒤집힌 바삭한 상처의 뒷말 이웃들은 어떻게 건너갔을까요? 먼 동심원 물살로 요동치는 손, 다시 시간을 구워냅니다.
—「산화酸化」 부분

기억을 잃는다는 것
기억을 잡아먹는다는 것
기억을 잘근잘근 씹어 삼킨다는 것
기억 때문에 기억 속에서 기억에 말려 기억을 가둔다는 것
—「쟈클린의 눈물」 부분

관계와 관계의 퍼즐은 오직 한곳으로 흐르는 반복의 운동이다. 보는 눈에 따라 "시간은 고양이"(「탁자 날다」)고 삶은 "악몽惡夢과 사기邪氣"(「섬진강가」) 사이 어디쯤에서 배회하

다 생에 관한 "허방"(「너도바람꽃」) 쪽으로 몰고 간다는 것도 익히 잘 안다. 더 나아가 "푸른 시로 여는 나 · 무"(「구멍, 비움과 채움」)의 꿈과 같은 전언으로 탈구되어 너 또는 나를 슬픔의 언어에 친숙해지게 만든다는 사실도 잘 알고 있다. "비명"소리가 들린다. 더불어 "찬란한 고통"이 매만져진다. 대저 생이 육화시킨 저 노래는 어떤 여율과 공명하는 "간극"의 극단적 형식인가. 혹은 서정인가. 역시 노래는 파국으로 치닫는 레퀴엠의 어디쯤으로 데려가 너와 내가 욕망했던 모든 것을 "파문"의 "무늬"로 기록하는 것이 나을 듯하다. 왜냐하면 "비늘 선명한 목숨"(「그 푸르고 붉은」)을 "심해"(「거꾸로 세운 우산」)에 이끌려 죽음을 욕망하게 만들기 때문이다. 『페달링의 원리』는 극적인 절정에서 파국으로 치닫는 라벨의 『볼레로』처럼 "의식과 무의식"의 경계에 기입된 모든 차안이 아닌 "피안의 세계"로 이끌어 가는 광시곡인지도 모른다. 물론 시인이 기록한 페달은 인간중심의 일상을 가감 없이 그려낸 것이라는 사실을 결코 부정해서는 안 된다. 까닭은 삶의 페달링의 원리와 재봉틀의 페달링의 원리 사이에 놓인 균형을 봉합하는 것이 시인이 지향하는 시적 원리이기 때문이다. 시의 언어는 쇼팽과 리스트 사이에 기입된 모든 연주기법이고 페달링의 원리는 일상과 예술 사이 속도와 거리를 동일한 삶의 원리로 공명, 승화시켜 도달하기를 요청하는 미학의 원리이다. 그러나 그러한 원리에도 불구하고 생의 공간은 여전히 "아우슈비츠"의 그것처럼 "수렁"에 빠진 채 "살처분"을 강요받을 뿐만 아니라, 너 또는 나를 "울음소리"나는 곳으로 데려가 전혀 예기치 못한 결과를 맺게 만든다. "몇 억만 번의 폭설과 몇 수수곡절 폭우"를 견디며 가열된 오늘을 견디지만, 그 역시 "산화"의 징후 일뿐, 더는 역류시키지 못한다. 물론 하루하루를 요한 슈트라우스의 「아름답고 푸른 도나우강」처럼 감미롭고 달콤하게 향유하는 것으로 삶의 목적을 완벽하게 탈구시킬 수 있겠지만, 어찌 그것이 달성 가능한 승화의 형식일 수 있겠는가. 세월의 속도 앞에 인간학이 제시한 모든 기획물은 그저 연목구어 아닌가. 물론 백소연 시인의 그것은 "다시 시간을 구워" 인간학에 속한 모든 것을 네겐트로피로 재귀시키기를 열망하고 있다.

"시간은 빛이고 강물"(「너는 빈센트 반 고흐」)이었다가 이내 "눈물"이라는 기호로 탈바꿈하게 되는데, 어쩌면 이 세상에서 가장 슬픈 선율로 변주되는 "기억"의 저쪽, 즉 오펜바흐의 서사적 전신일 것이다. 의미의 공식 일체가 탈구된 채 생에 속했던 심연이나 적요의 공간으로 이월시켜 비존재의 욕망과 극적으로 조우하게 된다. 사라져 소멸하는 것만이, 혹은 "레테"의 강을 건넌 자만이 시간의 정확한 목적을 알 뿐, 더 이상 의미의 진실에 접근할 방법이 없다. 따라서 시 「자클린의 눈물」에 묘파된 일련의 서사적 지형도는 "운명"에 순응하는 더 나아가 거스를 수 없는 타자의 애달픈 존재론적 양태를 오펜바흐 첼로 선율로 그려낸 것인데, 어쩌면 그것이 이 세상을 해독한 시의 기호이자, 적요와 심연으로 흐르는 존재의 본질일지도 모른다.

"엄마, 안녕!" 시간이 망각으로 흐른다. 설령 시인의 그것이 미처 전하지 못했던 사연을 사랑의 이름으로 공명시켜 인간학에 관한 일체를 눈물로 여울지게 만들지만, 이는 므네모시네의 작용이 만든 숭고한 리듬이 아니다. 사라져 소멸하는 적멸의 가열된 운동이 만든 비극적 생애의 형식과 기억의 양식으로 고양시킨 페달링의 원리이다. 때론 역동적으로 자신에게 속했던 모든 "달"과 "별"의 문양으로 기록하면서, "욥" 즉, "피"의 제의가 만든 시련의 가혹한 시련의 어디쯤 배회하다 생을 죽음의 양식으로 변이시키는 것으로 인간학적 서사 종말에 이르게 된다. 하염없이 눈물을 흘리며 "안녕"이라는 단 한 마디를 남긴 채 이 세계와 이별하게 된다.

한쪽 발 엄지손가락만 기억하던
P씨, 품위 갈아입고 후진기어 넣는다
수심 밖으로 빠져나가지 못해
허리 쥐어틀던 속사정 따윈 별 것 아님이
분명해 보인 흐린 날 오후
제 속 들여다보는 깊은 반사의 반사
단추 하나, 밑단 몇mm 차이인 것 거울은 눈치챘을까

—거울아 거울아 헌옷 줄게 날개 줄래?

—「페달링의 원리 1」 부분

단추 하나 밑단 몇mm
바늘구멍 속 낙타 들여다본다
부표처럼 떠돌던 일상 얼마나 치밀한 수심인가
길을 묻는다

서너 평 남짓한 방 땀땀이 시절 기운

외가닥, 터진 옆구리 몽땅 짜깁는 안경 너머
거리는 천천 무늬다

—「페달링의 원리 2」 부분

자그마한 "차이", 즉 일상과 미학 사이의 거리를 가늠해 본다. 대저 시란 어떤 의미의 공식을 만족시킬 때 삶의 모든 것을 진실과 마주 세울 수 있는가. "낯선 암호"(「녹색 화원」)와 미지의 기호에 포획된다. 도대체 저 일상이라는 시공간은 어떤 의미로 체계를 세울 때, 아포리아라는 마물과 조우하지 않을 수 있을까. 말하자면 금번 상재한 백소연 시인의 『페달링의 원리』는 심연이나 적요로 명명된 저 인간학적 아포리아를 시간의 형식으로 묻고 답하고 있는데, 어쩌면 그것이 바로 "우회등선羽化登仙"을 꿈꾸는 삶의 페달링 기법이라 하겠다. 설령 익명의 P씨에게 속한 일상의 하루가 "흐린날 오후"로 질주하는 불안한 일상이라해도 페달링의 원리가 일상과 미적 진실 사이에 매개된 삶 그 자체의 원리를 시인 특유의 화법으로 알레고리화한 것이다. 이는 시 세계에 산종된 다양한 암호와 기호들을 해독하는 시인의 독특한 기법이라 하겠다. "흐름과 멈춤" 사이에 혹은 직선운동과 원운동 사이에 "한 올의 절벽"이 있고 ,"실족"이 있으며 또 "시간 밖 수당과 물질 안 십일조"가 존재하는 한, 시인이 표현한 일련의 페달링 기법은 각자 자신만의 생사방식을 운용하는 존재의 가열된 몸짓이라고 간주해야할 듯하다. "수심"은 깊고, 심연은 헤아릴 수 없을 만큼 아득해 그녀들의 삶에 기입된 세세한 "속사정"을 알 길 없지만, "한쪽 발"과 "후진 기어" 사이에 매개된 일련의 흔적들을 삶의 언어로 복원하는 행위다. 어쩌면 영원히 그 퍼즐을 맞추지 못한 채 너 또는 나를 적요의 공간으로 데려가 미망과 맞닿게 만들지도 모른다. 그런 행위들이 "반사의 반사", 즉 자기를 성찰하는 존재론적 행위이기는 하지만, 페달링의 원리는 각자 자신만의 방식을 구상하는 생의 원리로 비추어지기도 한다. 이는 "날실과 씨줄"을 상호 직조해 가는 일상의 선율, 즉 "생의 오랏줄"이자, 너 또는 내가 차이를 생각하는 가열된 존재의 장소이기도 하다. "가속 회전" 페달을 밟으며 세월 저쪽으로 당도해 "신세계新世界"가 펼쳐지기를 염원하지만, 시간은 우리를 "노령부부"가 되게 만들어 종국에 낡고 늙어 소멸에 이르게 만든다. 페달링을 하지 않거나 페달을 밟지 않고, 넋 놓고 그냥 풀썩 주저앉아 "부활"을 꿈꾸는 것도 가능하지 않다. 왜냐하면 일상은 소리 없이 유유히 흘러 미망에 가닿게 만들어버리기 때문이다. 설령 그것이 안단테 몰토 모소, 즉 느리고 매우 생동감이 있게 탄주되는 관계의 공식을 만족시키더라도, 미망의 장소로 데려가 "남루한 의복"을 입은 채 대타자의 목적에 부응하게 한다. 대자연의 귀의해 페달링을 멈춘 채 베토벤의 「전원교향곡」을 들으며 황홀한 최후를 맞는 것으로 마침내 의미를 깨닫게 된다.

유품처럼 받아온

파란 녹이 슨 반상기를 닦는다

전신 에워 싼 푸른 멍

오래된 시간 몰래 훔쳐 먹었던 걸까

시간은 거울인데

유년을 담은 밥사발 유독 커 보인 하루

뒷마루에 앉아 매매 놋그릇 닦던

어머니의 바쁜 손길 기와가루로 묻어 나온다

짚수세미 둥글게 말아 푸르뎅뎅한

안팎 닦아내던 녹이 슨 시간

정성 깃들지 않으면

제 내면도 돌이끼 낀다고

거울 닦듯 한생 닦고 또 닦아내

어머니, 백발 된 노정 느즈막이

내가 닦아 올린다

—「청동 거울」 전문

"길들여진 현상 거부한 암실"(「에펠탑의 검은 고양이—Erik Satie, 3개의 Gymnopdie에 붙여」)에 은거하며 "잘려나간 생의 축"(「새에 대한 기록서」)에 관한 명상에 잠긴다. 제3의 관계에 대한 시선의 각과 "어머니"가 견디어온 생의 시간은 어떤 의미의 구성물로 채워져 있을까. "아흔 아홉 뼈 마디마디 서린 천명"(「명자꽃 그늘」)이 매만져진다. 더불어 어머니의 생애 전체가 "전신 에워 싼 푸른 멍"으로 가득 채워진 채 오늘에 이르렀음을 직감하게 된다.

역시 숙명을 받아들여야 한다. 어머니의 어머니가 그러했던 것처럼 "청동 거울"을 닦으며 그것에 속한 삶을 성찰해야 한다. 손때 묻은 "파란 녹이 슨 반상기"를 닦으며, 혹은 "뒷마루"에 앉아 어머니를 추억하며 백소연 시인은 자신에게 부과된 여율을 정갈하게 소묘하데 된다. "유년"으로 회귀하는 일련의 여정은 타자화된 속성을 주체화하는 과정 중에 깨달은 진실이다. "내면"을 들여다본다. 물론 이쪽저쪽에 마음의 "안팎 닦아내던 녹이 슨 시간"들이 흔적처럼 켜켜이 쌓여있다. 그러나 시간의 반복이라는 저 오묘한 구성법을 통해 심연에 도달하는 것을 무한히 지연시키겠지만, 그렇다하더라도 더 나은 생을 직조한다거나 전혀 다른 차원의 삶-시간-세계를 체재화하는 것이 가능치 않은 듯하다. 왜냐하면 차이를 생산했던 모든 삶도 종국에 동일한 것으로 회귀해 대타자의 운명에 순응하도록 페달의 제계가 설계되어 있기 때문이다.

가는 자는 저와 같고, 오는 자는 이와 같다. 말하자면 백소연 시인이 탐구한 페달링의 원리는 동일한 것이 차이를 생산하는 방식이라는 점에서 볼 때 새로운 시미학의 설계도를 정립한 것으로 보인다. 그러나 종국에는 그 차이도 지워져 "한 생"이 또 다른 생으로 대체 반복하는 형국의 범주를 결코 벗어나지 못한다는 사실을 깨닫게 된다. 시 「청동 거울」에 묘파된 어머니의 서사가 이 땅 위를 살아가는 대부분의 여성의 삶과 그렇게 크게 차이를 만들지 못했던 것처럼, 우리는 동일한 것에 구속된 채 심연에 당도하고 있다.

능소화 왼발바닥에 깨진 유리 글자 꽉 박혀 산다 ***'손대***

지 마시오' 벽보아래 누구의 도살인가 도화살인가 아직 피지 못한 꽃몽 대롱대롱 매달려 種은 울리고 鐘은 울린다

잘 익은 시간은, 채도와 명도 통째 저장된 빛의 보색 대비 프로방스의 야경내지 스누피의 미소였을까 맺혔다 풀어짐도 내내 꽃 피우는 것만 아니어서 십자 생 초초 뜬눈 같은 곡절 여러 갈래 길을 낸다

엘리엘리라마사박다니! 제 삼시에서 제 구시까지 등 뒤 음양, 예수는 끝끝내 천지간 휘장 찢어 마침내 조종弔鐘을 울렸을까 십자 생은 종국에 씨앗 된 사랑이므로 다 이루었다, 마침내 어둠 뚫고 나온 천천 눈 만만 촉! 시간은 추鰍를 초월한다

—「시간은 추鰍를 초월한다」 전문

"수다 만찬 칼질의 조용조용한 닿소리" (「페르소나 1 — 식탁」) 내리는 저녁 어디쯤에 당도했으며, 마침내 저 지고한 진리의 말씀 한복판을 추상하게 된다. 도대체 페달이란 무엇인가. 한때 "자존의 하이힐 고집하는/ K 기억"(「바오밥나무」)에 응고된 채 편견에 사로잡힌 적도 있다. 물론 그것 역시 관계의 의미를 페달링하는 삶의 구성법이다. 그러나 그것은 본질이 아니다. 현상에 구속되거나 가열된 삶의 파편이다. 대저 "세상 복사하지 않는 방법론". 즉 "우주를 낳는 녹색 자화상"(「페르소나 2」)과 "십자 생"사이의 거리를 얼마만큼 유지할 때 관계의 진리에 당도할 수 있는가. 시간의 등뼈(「떨림」)를 촉진하기 위해 노력하지만, 미꾸라지

처럼 빠져나가 좀체 존재의 본질과 상면하기가 그리 쉽지 않다. "모든 生은 단단하지 않고 (「그 골목에 들어서다」)," 어린 꿈(「그림자 1」)은 너무도 쉽게 깨어지고 해체된다. 어떠한 생을 살아가야 하는가. 어떤 생을 살아낼 때, 그것을 "잘 익은 시간"이라고 명명할 수 있는가. 엄밀하게 말해서 백소연 시인이 전개한 일련의 시말운동은 존재론적 시간의 무늬에 기입된 의미를 다양한 방식으로 산종시킨 것이다. 하면 그것은 어떤 시간의 관계성과 조우한 진리의 전언인가. 시 (「시간은 추鰍를 초월한다」)는 "능소화" "꽃몽"에 얽힌 사연과 "예수" 사이의 거리를 미꾸라지로 정의한 것인데, 그것은 어떤 의미의 "초월"을 지칭한가. 앙리 베르그송에게 시간은 창조적 생애의 역동성이 구현되는 지속이었다면, 보르헤스는 시간에게 속한 것들을 환상에 응고시켰다. 그렇다면 백소연 시인에게 시간은 "고양이"였다고, 鰍, 즉 미꾸라지로 그 양태를 변모시키게 된다. 그것은 어떤 의미를 만족시키는가. "도살"과 "도화살"사이로 미끄러져 흔적조차 없이 시간이 사라진다. 시간을 만족시키는 영원성의 의미가 "엘리엘리라마사박다니!"라는 처절한 예수의 절규 속에 내재된 채 페달링의 의미를 초월의 영역에 위치시키지만, 시인이 그것은 種과 鐘 사이의 울림을 "씨앗된 사랑"으로 공명시켜 이 세계를 반복의 형식으로 재귀시키는 현전의 공식임에 틀림없다. 여전히 지구는 자신만의 고유한 방식으로 페달링하듯 "조종弔鐘"이 울리는 절망의 심연에서 아직 희망을 꿈꿀 "사과나무"(「빈 집」)의 싹을 키워 이 세계가 사랑의 전언으로 울려 퍼지기를 염원한다. 다시 말해서 초월은 현전으로 되돌아와 시간의 구성법을 각자 자신만의 방식으로 전유하는 곳에서 생성된 깨달음의 진리이다.

> 나는 너 너는 나, 나와 너는 다른 듯 같고 같은 듯 달라
>
> —「긍정이 부정문에게」 부분

> 네 발 달린 풍상風霜
> 바다, 비늘 선명한 비음 쓸어안는다
>
> —「여자만汝自灣」 부분

> 밖으로 에돈 천천만만 바람의 혀
> 남의 생 휘어감은 채 저물도록 사설 중이다
>
> —「내장산 —길과 나무 사이」 부분

> 나는 나의 나를 찾기 위해 당신을 노크하죠.
> 선택은 택하는 자가 주인될까요?
>
> —「희 미용실」 부분

> 의미를 끌고 올 수 없는 짧고도 무거운 진술 각각 앓아 누웠다
>
> —「유리 컵」 부분

"푸른 속살 벤 아픔" (「숲, 뿌리 깊은 나무」)을 매만지다 바흐와 모차르트 사이 어디쯤에서 "정신 병동 벽에 통째 생을 저당"잡힌(「너는 빈센트 반 고흐」) 한 예술가의 "본향" (「페르소나 4 —샴쌍둥이」)은 어디인가. 고난으로 점철된 "풍

상風霜"의 어디쯤인가. "비늘 선명한 비음"의 내밀한 공간인가. 아마 시인이 말한 것처럼 심연과 적요로만 흐른 채 퍼즐 전체는 여전히 아포리아에 당도해 인간학 전체를 미궁으로 묘사하고 있을 게다. 그러나 설령 그와 같은 방식으로 관계의 체제가 구조를 이루고 있더라도, 우리는 각자 자신만의 고유한 페달링을 지속하면서 시간의 저쪽으로 근접해 가는 중이다. 어쩌면 산다는 것은 "말의 육질 곱씹는 해그물"(「너는 빈센트 반고흐」)에 포획된 "뜨거운 생"이거나 "맛깔스런 일상"(「그 집, 소문난 백숙」)을 향유하다 "한 시대 비명 내지르는 기호(「서서 우는 나무」)를 받아 적는 "생가시" (「어머니」)의 삶일 것이다. 마치 행복을 꿈꾸지만, "불행"으로 점철된 바로 그 지대에 너와 나 사이의 의미론적 거리가 존재하겠지만, 존재론적 관계를 조율하는 페달링의 원리도 결국에는 어떠한 자리를 만들지 못한다. 그러나 이는 들뢰즈가 말한 차이와 반복의 오묘한 "균형"이 만든 동일성의 원리라 하겠다. 결국 삶의 본질은 태도의 문제, 즉 "긍정"과 "부정" 사이에서 빚어지는 세계에 대한 관점의 차이이지 그 이상의 무엇일 수 없다. 길의 저쪽에 언제나 동일한 것, 즉 심연이나 적요와 같은 미망이 존재하는 한, 그것은 인간의 의식의 한계를 초과하는 그 무엇으로 그 체계를 구성한 동일성으로 항상 되돌아가기 때문이다. 그저 "바람의 혀"로 "남의 생"을 허두로 말하듯 "사설"만을 늘어놓은 채 자기 한계를 자인하면 그것으로 족할 것이다. 때론 "귀와 길 사이"에 놓인 미지의 기호로 인해 존재의 길을 잃기도 하면서 때론 "부러진 기억"의 파편들을 애절하게 위무하면서 백소연 시인은 자신에게 놓인 존재의 길 전체를 선택의 문제로 환원시켜버린다. 마치 깨진 "유리컵"의 "파편"들처럼 관계의 진리들이 산종되어 있듯, "조각난 눈"을 통해서만 진리의 그것의 구성물을 바라볼 수 있을 뿐이다. 아도르노가 『부정의 변증법』에 언술한 형이상학을 구멍 틈으로 바라다보는 바로 그와 같은 방식이 인간학에 허여된 인식의 한계로 남아있는 한, 우리는 결코 시간의 퍼즐을 정확하게 끼워 맞출 수 없을 것이다. 그저 얼기설기 미봉책으로 얽어 너와 나 사이를 매개시킨 채 유유히 흘러내릴 뿐, 더는 진실을 추궁할 수 없다. "선택"이라는 상황만 모두에게 제시되었을 뿐, 무엇이 진실이고 진리인지 전혀 말할 수 없다.

그가 확실하게 읽어내지 못하는 것은
언제나 중심에 놓인 가온음이다
틈틈이 흐름에 몸 맡겨 솟아 올린 울림은
12음계 비구성 불협화음이다 일순
헛디딘 통로 반음 낮췄을 뿐인데
음양의 언어 전이된다

계류된 가락, 속 깊은 울림 퍼 올리려 일생
거친 마음 가지 쳐내야 한다는 사실 눈치챘을까
매번 반음씩 앞질러 건너다 율격 깨트리는
심연, 어깨 힘 다 빠져나간 후
짚어낸 비음의 화성 햇살로 터져나온다
수심 깊은 전언 계단 사이로 넌출거린다
층층 통과한 명징한 울음

— 「페르소나 5」 부분

노란 리본 검은 구두 저벅저벅 계단을 오른다
나비도 아닌 것 꽃같이 꽃으로 나무 위를 걸었을까
고단함을 멈춘 쉼표와 세 옥타브 속 선율
정전된 눈물 찔끔거리는
구두 안경 신발 일제히 화엄華嚴에 묻힌 오후
그래, 초콜릿은 아니었어!
사방팔방 펑펑 허공은 깊다
— 「페르소나 6 —검은 액체」 부분

페달링의 원리는 결국 가면의 원리가 표현되는 너무도 가열된 삶의 원리이다. 차라리 그것은 진리나 진실의 문제가 아니라, 너 또는 내가 직면한 생존의 원리이다. "일생 피비린내 가득한 좌판 위"(「어머니」)의 삶, 즉 어머니의 모습이 눈앞에 선연하고 또 "생사 입자"(「페르소나 3 —아웃사이더」)가 분열하는 첨예한 경쟁의 장소를 떠올린다. "우리는 어디에서 어디쯤 닿"(「페르소나 3 —아웃사이더」)는 미망의 존재인가. "물어뜯긴 주검"과 "고름진 사유"(「레일, 동물들의 시육」)가 열린다. "기억의 빗장"(「곡선의 방식」)어딘가에 켜켜이 쌓여있던 "바스라진 생의 자락"(「희 미용실」)을 반추하며 자신 앞에 놓여있던 가면을 벗어던지게 되는데, 어쩌면 그것이 바로 생이 도달하는 궁극적 목적인지도 모른다. 가면의 저쪽은 혹은 죽음에의 의지. "길의 길"(「활주, 사운드 트랙」)은 어디 있는가. 오늘도 백소연 시인은 "자전과 공전" 혹은 "흐름과 멈춤"(「페달링의 원리 2」)이 반복되는 생의 욕망을 페달링한다. 하지만 그것이 부질없는 욕망임을 깨닫고 있다. 다시 말해서 총 6편에 달하는 「페르소나」 연작은 인간의 존재론적 관계에 색인된 "암호"를 죽음의 본능이 실현되는 과정으로 페달링하면서, 자신의 미학적 현주소를 심문한다. 그것은 심연과 적요로 흐르는 시간의 퍼즐을 존재의 언어로 육화시켜 미학의 욕망을 충족시키는 것이라 하겠다. 이제 가면을 벗어야 한다. 아니 항상 "가온음"의 실체를 놓치며 살아온 삶을 반성하며 "음양의 언어로 전이"되는 순간 시간의 오묘한 진리를 깨우쳐야 한다. 여전히 가면의 삶은 "3.3평방미터 쪽방촌"(「불안이 불러낸 바닥」) 어디쯤에 시선을 고정시킨 채 "뒷목 쭈뼛해진 말의 동사"(「기차는 11시에 질주한다 —소문만평기록서」)와 극적으로 조우하는 진기한 체험들로 가득 차 있다. 시인이 전개한 시말운동이 "애수의 장단"과 호흡하는 너무도 가열된 존재의 몸짓인 것 또한 사실이다. 하지만 그 역시 승화 지양 극복되어야 할 가면의 언어임을 모르겠는가? "검은 액체"가 흐르고 "화엄華嚴"의 장관이 연출된다. 이를테면 백소연 시인이 전개한 일련의 시말운동은 시간의 저쪽에 기입된 의미의 공식을 도출하는 페달링, 즉 열역학 제2법칙을 확인하는 존재의 허망한 운동이라 하겠다. 달도 차면 기울 듯 생은 음양의 이치에 따라 적멸의 공간에 당도하게 되는데, 그것이 가온음이 존재하는 진리의 장소일지도 모른다. 늘 "반음"을 놓치거나 앞질러간 생이었다가 시의 적절하지 못한 선택으로 인해 모든 것들이 "불협화음"으로 탄주되는 경우 비일비재하다. 백소연 시인의 시들이 조금은 접근하기 쉽지 않고 또 쉽게 해체되기를 거부했던 것도 따지고 보면 "단단한 말과 물렁한 낱말" 사이를 시간의 형식으로 유려하게 흘러내렸기 때문이리라. 물론 시의 "배경 뒤 배경"(「눈雪에 대한 관찰 —백석을 생각하며」)은 "우울의 뿌리"(「월요일에 대한 담론」)로 기입되어 있다. 따라서 시 말운동이 다양한 방식으로 페달링하는 원리와 밀접한 관련이 있기까지 이 역시 관계와 관계의 "비밀의 통로"(「소리의 생존법」)에 이르는 지난한 존재의 여정임은 결코 부인할 수 없다. 다시 말해서 시간은 우리를 가면의 저쪽으로 데려가 자기 목적을 완벽하게 달성하게 된다.

초대 받은 날부터 혁명은 시작되었다

망인과 여자의 손발은 닮아 있다
生을 거꾸로 처박아 뒤틀고 헤집어 덧낸 그녀는
안전을 보장할 수 없는 전갈이다, ▽은
수포와 고름으로 얼룩진 엇박을 즐긴다
심지 없는 볼펜인가 도무지 친숙하지 못했단 이유로
불균형 곁눈질 끌어내기 성급한 손발 끝끝내
막판 끝수로 몰릴 때
모람모람 뒤에 숨은 충돌 치명적 사이렌을 울린다
가면 뒤 가면, 밑바닥 대명사란 증거만으로도 전갈은
오래 자란 슈퍼박테리아라고 수수곡절 눈동자와 손가락
속죄하듯 입을 모았다
올빼미와 전갈 닮은 ▽은 회전문 넘나들며
제 생각 닿지 않는 ○를 안으로 걸어 잠궜다
길은 끝내 살아남은 자의 몫이었을까

피터지게 휘저어 칼집 무성한 생사 연고, 출상 날
등껍데기만 남은 ㅇ 머즌일 그림자 보며 알았다
식어버린 죽사발이 얼마나 뜨거운 목울음을 불러오는지
유혼 에둘러 선 혹한의 도끼날 번뜩인다
보임과 본다는 차이와 차별은 어디에서 몰려 온
완곡한 우주 뒷발길질일까
칠성판 메고 우는 듯 웃는
▽ 어깨 위 전갈, 제 뼈와 살 파먹는다
불온한 족적 뒤밟는 능선 한 발 투욱 내려닿는 길

—「야곱의 단팥죽」 전문

"생의 부유물"같이 "구겨진 암호"(「고등어」) 즉 "▽"(역삼각형)과 "ㅇ"(동그라미) 사이에 인간학을 투사시킨다. 가계를 흐르는 저 피의 응보는 어떤 의미의 구성물인가. "뿌리의 계보"(「가문비나무」)를 찾아 떠난다. "시간은 미궁이고 충격은 공중 분해"(「택배」)로 간주될 때, "읽히지 않는 生"(「미궁과 허공 사이」)은 어떤 시간의 흔적을 표현하는가. 시 「야곱의 단팥죽」은 그리 간단한 작품이 아닌데, 그것은 성서적인 알레고리, 즉 '야곱'과 그의 형인 '에서' 사이의 일화를 삶과 죽음 사이의 거리로 변주하고 있기 때문이다. 죽음의 광시곡이 울려 퍼진다. 도대체 영원은 어디에 존재하는가. 과연 적요와 심연으로 흐르는 시간의 퍼즐을 영원의 방향으로 틀어 진리 안에서 행복하게 만드는 것이 가능한가. 백소연 시인의 그것이 종교적인 심성의 토대 위에서 시말 운동을 전개했을 흔적들은 여기저기 산재해 있다. 인간학과 세계 사이의 균열을 조장하는 진리의 이름으로 노래하고 싶었을 개연성 또한 농후하다. 하지만 이는 시의 소재로 차용된 참조목록일 뿐 더는 종교적 담론으로 비약하지 않는다. 왜 시인은 일상적 삶과 미학적 욕망 사이의 거리를 다양한 방식으로 페달링하면서 응고된 진실을 "불온한 족적"으로 소묘하는가. 시간으로부터의 "초대"는 모든 "혁명"이 일어날 의식의 전조이자 "生" 즉, "망인과 여자"사이의 경계면에 위치하는 의미를 전복할 수 있는 단 하나의 결정적인 계기이다. 에서와 야곱 사이의 진실이란 거리는 혹은 요셉에 흐르는 가계의 숙명. 결국 문제는 시간을 반복의 형식으로 재현하는 인간학적 고리를 끊어내지 못하는 곳에서 생성되는 근원적인 존재의 불안 때문이리라. 백소연 시인의『페달링의 원리』에서 시간의 존재에 관한 근본적 문제는 심연과 적요라 하는 아포리아의 구성물이다. 그것이 바로 "혁명" 즉 "살아남은 자의 몫"으로 남은 시간의 진실이다. "보임과 본다"사이의 어디쯤에 혹은 "차이와 차별"을 생산하는 의식의 "얼룩진 엇박"을 향유하면서 시인은 "가면 뒤 가면"을 응시하며 통찰하고 있다. "수고와 고름" 가득 찬 저 숙명의 터널 어디쯤에 그것의 진실이 위치해 있겠지만, 삶의 여율은 늘 "불균형"하게 탄주되는 비가역적 비극의 중심부를 관통한다. 어찌 그것을 존재론적 시간의 진리로 수용할 수 있겠는가. 오늘도 시인은 길 위 전면에 놓여 있는 숙명의 기호들을 해석하면서 혹은 ▽(역삼각형)과 ㅇ(동그라미) 사이에 매개된 암호를 해독하면서 삶과 죽음 사이의 거리를 가늠하고 있다. 때론 "올빼미와 전갈"과 같은 공포의 권력에 사로잡힌 채 불안스레 떨면서 때론 "막판 끝수"에 몰린 채 "생사 연고"를 궁구하면서 백소연 시인은 살아남은 자의 지분이 무엇인지를 묻는다. 대저 어떤 삶으로 생을 페달링할 때 인간학은 행복을 구성하며 영원에 이를 수 있겠는가.

공존 공생 밥 한 끼 물 한 모금
그대, 안녕하십니까?
—「서서 우는 나무」 부분

生은 어느 심연 향해 고요히 이동 중일까
바늘 끝 비껴 떼로 건너다니는 탱탱한
기다림 포획하는 청량한 생의 찰나!
물결 집어삼키는 날 비린내 낮달 관통한다
—「바다빙어」 부분

튄다, 천길 나락으로 떨어지다 일순
열길 물속 지나 몇 겁劫 전압 속에 갇힌다
—「밑도 끝도 없는 확인 사살」 부분

후쿠시마 원전 따라 길길이 날아 든 요오드
오호, 세기말적 증후군 세척할 우울의 꽁지 좀 들여다 봐요
빛바랜 세상 공약 계수하기 전 뒤바뀐 유전인자
물컹한 의혹 몰려가고 몰려오네요
—「미궁과 허공 사이」 부분

시간은 몰래 "익명의 음습한 발목"(「뻘, 유리流離골목 2」)

을 낚아채 비존재의 욕망을 충족시킬 것이고, 또 "새침한 해"는 다시 떠올라 내일을 밝힐 것이다. 역시 세상은 반복의 페달링만이 남는다. 어쩌면 금번 상재한 백소연 시인의 『페달링의 원리』는 비존재의 욕망이 빚어내는 암울한 존재의 형상을 차이와 반복으로 재현한 들뢰즈의 시적 판본일지도 모른다. 왜냐하면 들뢰즈가 언술한 일련의 차이와 반복은 "이타 이해와 오해의 총질"(「저물녘 숲의 전언」) 사이로 재귀하는 동일한 것의 다른 이름에 지나지 않기 때문이다. "쓰나미' 즉 거대한 해일처럼 "울음"이 존재하는 여지저기로 밀려들어온다. 평화가 실현되는 "공존 공생"의 법칙을 깨달을 수 있을까. 원운동과 직선운동이 상호 변주된 저 페달링의 원리가 어떠한 방식으로 체제를 이룰 때, 생은 "그대, 안녕"하며 "안부"를 물을 수 있을까. 물론 이 역시 "자기만 불쌍하다고 생각하는 착한 오류"(「나는 아무것도 묻지 않았다」)가 만든 전유의 산물인 것만은 분명하다. 인간학이란 것 자체가 무수히 많은 오류로 구성된 자기 페달링의 결과물처럼 보인다. 하지만 바로 그러한 오류만이 한 시대의 기호와 상면하는 서사적 실체라 하겠다. 여전히 그러한 사태에도 불구하고 생은 먹고 먹히는 약육강식 관계로 표현된다. 『페달링의 원리』에 포장된 페르소나를 벗겨버리면 시간은 그저 인륜성의 가면일 뿐 야만의 범주를 크게 벗어나지 못한다. 자연과 인간학 사이에 표명될 시간의 서사학은 가혹한 생존의 원리로 구성된 것이지 결코 아름답고 숭고한 미적 원리로만 페달링되어 있진 않다. 시간 저쪽에 낙원이 존재하지 않는다. 아니 역으로 생애의 형식 전체를 "심연"으로 이끌어 불능을 사유하게 만드는데 그것이 바로 적요의 정체일 것이다. "청량한 생의 찰나"를 꿈꾸며 창조적 비상을 열망하면서 때론 "수포와 고름 가득 밴" 한 시대의 슬픔을 위무하면서. 백소연 시인은 "몇 劫 전압 속에 갇힌" 세상 모습을 세밀하게 소묘하고 있다. "지친 행간에 누운 알부민 빗방울 변주곡"(「울지 않는 새」)을 듣는다. 과연 이 세계는 어떤 의미의 공식을 만족시키는 체제인가. "미궁과 허공 사이"에서 열심히 페달링하며 생애의 의미를 진지하게 되묻지만 역시 적요와 심연만 시간의 진실을 지시하고 있다는 사실을 직감하게 된다. 이 세계는 요한계시록이 말한 것처럼 종말을 향해 페달링을 하고 있는지도 모른다. 왜냐하면 미궁과 허공 사이에 위치한 "문명의 폐광廢鑛"들은 물컹한 의혹만을 남겨 놓은 채 점점 "종말의 거리"로 내달려가고 있기 때문이다. 마치 열역학 제2법칙에 응고된 엔트로피공식처럼. 점점 낡고 늙어 이 세계 전체가 죽음본능이 실현되는 절망의 공간으로 추락 중이다.

> 오른쪽 벽과 벽 거쳐 어둠 도려낸 표구 속 우주
> 의미가 의미 밖 중앙에 들어앉아
> 절대 감각 순수 파스텔을 지향하는 것일까
> 앞뒤 원근에 기대지 않은 몇몇 암호성 기호
> 공간은 밑줄 친 해설의 단서 제공 중이다
> 말하자면 볼 줄 아는 눈과 보는 척 하는 눈과
> 볼 수 없는 눈 사이 줄거리 모아
> 액자 깊숙이 몇 가닥 숨겨둔 언어 뒤 언어는
> 붓끝이 절경이다
> …(중략)…

우는 아이와 찡그린 여자 사이는 몇 뼘의 거리일까
세계의 모든 눈과 기척과 기침
아무도 모르거나 아무라도 미루어 짐작할 수 있는
다음 그 다음 해 명암 위를 지나간다
모자를 눌러 쓴 그림 속 그림은 자라목이다
제 멋대로 지나가는 색채는 자유롭게 날 수 있을 만큼의 날개
의문부호 찍힌 봉투 속 발색도 사유의 채색이어서
그 거리의 방법론 집중 붓질한 달의 목록 끌어당긴다
쪼갤 수 없는 무늬 건너다니는 수만 수천의 손 · 발
한 곳 여러 생 엎드린 크기와 질량
해설된 영감靈感 단체로 밀어 넣는다

—「전람회」 부분

고장 잦은 기호, 아무도 읽어내지 못했다
얇아진 종잇장 물체 짚어 나가다보면
무던히 견딘 흔적 역력하다
척추 휘고 골절된 잡동사니 너절한 점포에 쭈그리고 앉아
헐거워진 생 조립하다 어긋난 너트 들여다본다
부스러진 관절 부위 수리해 조목조목 끼워 맞춘 그림자
기울어진 뼈마디와 관 속에 갇힌 먼지 긁적거려
부활의 몸 재가동시켜 보면
손닿지 않아 녹슨 生 그늘 깊다

—「김씨네 철물점」 부분

"은근한 문장 한 토막 시간"(「저물녘 숲의 전언」)을 정갈

하게 보듬어 안고자 노력하지만, 언제나 생은 "희고 아픈 꽃"(「간조기」)의 주검이거나 "가두리 양식된 인생"(「그 사내, 수산업협동조합」) 어디쯤에서 처절한 "절규"(「매미」)를 하다 다시 철저하게 가면의 위치로 되돌아간다. 특히 시 「전람회」는 가면 아래 펼쳐질 수 있는 인간학의 총체적인 면모를 유려하게 그려내고 있다. 그것이 바로 이 세계가 유지되는 페달링의 원리일지도 모른다. 한편에서는 "관冠이 높은 주체와 객체"의 미적 향연이 벌어지고, 또 다른 한쪽에서는 "김씨네 철물점" 어디쯤에서 "손닿지 않아 녹슨 生그늘"과 극적으로 조우하게 된다. 역시 생은 이중주이거나 다성악으로 울려 퍼지는 교향곡일 게다. 바흐와 쇤베르크 사이에서 혹은 "산화의 현장"(「진혼곳, 유골70년」)과 "주체 밖 의문 부호"(「기억의 꽃잎은 시들지 않는다」) 사이에서 다양한 삶의 "생채기"(「내소사」)를 매만지게 되는데, 그것이 바로 서사학에 노정된 참된 진실의 체계이다. 물론 미학적인 현실과 삶이지만 "다급한 시간 횟배 앓듯 뒷걸음질 치는 오후"(「이방인異邦人이 지나갔다」)로 전이되어 "행간의 가락"(「전자상가 —수목화토금」)전체를 심연과 적요의 공간으로 데려가겠지만 종국에는 "생의 부품(「전자상가 —수목화토금」)이 낡고 늙고 적멸에 당도해 시간의 구성물 전체를 무위로 기록하게 된다는 사실을 깨닫게 된다. 설령 백소연 시인이 구성한 일련의 페달링의 원리가 일상적 삶과 미학적 원리 사이에서 빚어진 기대효과를 극대화시킨다고 하지만 『페달링의 원리』에 육화된 시간성이 "언어 뒤 언어"를 찾아가는 지난한 고난의 여정으로 비춰진다. 이는 시간의 의미론적 체계를 공간의 작용으로 공명시키는 시인 특유의 시적 행로라 하겠다. “반전과 역설의 블랙홀”에 빠진 채 일체의 시적 가치 체계를 전복시키기를 열망하고 있다. 시말운동 여기저기에 “암호성 기호”를 산종시켜 존재론적 의미의 정체를 모호하게 흐리는 경향이 없지 않지만 백소연 시인의 시적 전략이 데리다가 언명한 자연의 어디쯤에 위치한 진리와 상면하기 위해 시인의 유일한 방법적 전략이라 하겠다. 시간을 포착해 현전의 체계로 구조화 하는 것은 불가능하다. 애초부터 삶에 속한 모든 것을 전유해 일목요연하게 그 정체를 드러내보이는 것이 가능하지 않다. 가끔 “유레카!”를 외치면서 조금씩 진실에 접근해 가는 방법만이 존재론적 진리와 상면할 수 있는 단 하나의 방법이다. 시간의 전모가 “텅 빈 채움”으로 회귀하는 무위의 운동인 것은 분명하지만 “전람회”의 “표구 속 우주”는 관계의 진실이 표현되는 “가상의 이미저리”의 공간, 즉 일상이 포착된 인간학적 행위의 가열된 결과물일 뿐, 더 이상의 진실을 심문하지 못한다. “세상의 모든 눈과 기척과 기침”이 투사된 곳에 “절대 감각 순수 파스텔”이 존재하듯 시인은 전람회의 풍경을 세밀하게 부조시키면서 삶의 조각들을 정밀하게 맞추어가는 것으로 그 여율을 탄주하고 있다. 때론 “의미 밖 중앙”에 위치한 의미의 실재를 심문하면서 때론 “볼 줄 아는 눈과 보는 척 하는 눈과/ 볼 수 없는 눈” 사이를 유려하게 흘러내리면서 삶의 가면을 예술의 가면으로 고양시켜 진정한 자기를 심문하고 있다. 다시 말해서 시인은 “나는 너에게 무엇으로 빛나거나 점멸되는가”를 되물으면서 존재론적 “길의 표면”에 응고된 “의문부호”를 하나씩 하나씩 점검해가고 있다. 단언컨대 시인의 물음들이 심연과 적요에 당도해 아포리아와 같은 "허공"을 응시하는 것으로 삶의 서사를 종결짓겠지만 젊음은 낡음으로 귀의해 "몸이 말을 듣지 않"는 "고장 잦은 기호"들과 대면하게 되겠지만 이 또한 삶의 지혜가 발견되는 "유레카"라는 사실임을 명심해야 한다. 이를테면 시「김씨네 철물점」은 시간의 결과물과 맞서는 퍼즐이 아니라 시간의 퍼즐이 내어놓은 결과물을 향유하는 시인 특유의 페달링의 원리가 육화된 서글픈 작품이다. 살다보면 겸허하게 "작별"을 "선고"하고 시간에게 속했던 모든 것과 이별을 해야 할 때도 돌아오는 것이다. 보르헤스가 도서관과 백과사전에서 몽상과 환상을 경험하며 시간은 환상이라고 명명했던 것처럼 백소연 시인도 온갖 것들의 "잡동사니 너절한 점포" 즉 "김씨네 철물점"에 들어가 다시 생을 기획하는 "부활의 몸"을 재가동시키고 있다. "이미 부스러진 관절 부위"를 수선하고 또 "기울어진 뼈마디"를 보수해 새로운 영원회귀하기를 소망한다. 그러나 가능하지 않다는 사실을 직감한다. "산부인과 분만대기실"에서 태어난 이웃 아이는 이미 존재의 욕망을 만족시키는 "어느 행성"에 도착해 싸늘한 주검으로 떠돌고 있기 때문이다. 세상은 삭막하고 어느 누구도 심연과 적요로 흐르는 시류에서 예외의 대상일 수 없다. 종국에는 "제 격 찾아 젖은 문장 조립"하며 "기의와 기표", 즉 존재의 내밀한 공식 전체를 죽음에 대위시키게 된다.

귓속에 갇힌 받침의 깊이와 칼집을 낸
얼음보다 차가운 입술 사이 메타포
알을 깬 길 하나 연다

—「검은 말의 무늬」 부분

삶은 서로 진저리치며 나를 내려놓고 껴안는 것
껴안아 일생 한 몸 한뜻으로 뿌리내리는 것
—「길, 어둠, 시간의 탄생」 부분

어차피 생은 장자의 호접몽이거나 김기림의 나비처럼 길을 헤매다 심연과 적요에 당도하는 한갓 "메타포"에 지나지 않는다. 그러나 쌍무지개 뜨는 희망의 "초록 문"(「내소사」)을 열고 페달링은 계속된다. 비록 "제 삶 건넌 어둔 잔해"만 묻어나는 "생의 매립(「닻」)이 되고 "알아들을 수 없는 낱말"을 남겨놓아도 페달링은 멈추지 않는다. 하여 생이 끝나고 또 다른 생이 들어와 또 다른 페달링의 원리를 찾고 헤매게 되는 것이다. 사랑하고, 살고, 미워하며 뿌리내린 후 존재의 저쪽으로 소거된다. 결국 산다는 것은 신神이 우리에게 허락한 한계내에서 나를 껴안고 내려놓는 것 이외에는 별다른 방도가 없다. 시간의 주인은 시간이지 인간에게 속해 있지 않다. 제아무리 페달링의 원리로 차이의 삶을 구성하더라도 종국에는 환상으로 명명되는 존재론적 시간에게 굴복해 스스로를 내려놓게 된다. 시지프스의 천형 같은 운명의 반복을 끊어낼 수 없는 곳에 인간학과 세계의 진실이 응고되어 있다고 백소연 시인은 말하고 있는 것 같다.

백소연

백소연 시인은 전북 임실에서 태어났다. 미국 Califonia Union University음악대학 종교음악과(피아노 전공) 졸업 및 Viola 대학 연수과정을 수료했으며, 광주대학교 예술대학 음악학과(피아노 전공) 및 고려대학교 대학원 문학예술학 석사 과정을 졸업했다. 1994년 정읍사문화제 운문부 장원을 수상하고, 2002년 계간 『현대시문학』에 「바다를 낚는 여자」, 「홍어」 외 4편을 발표하면서 작품활동을 시작했다. 2004년 월간아동문학 신인상 수상을 비롯해 '대한민국아동문학상' 본상 수상, '동서문학상' 등을 수상하였다. 시집으로는 『바다를 낚는 여자』가 있고 2017년도에 시나리오 「궁 안의 연꽃」을 집필하여 무대에 올렸다.
백소연 시인의 두 번째 시집인 『페달링의 원리』는 일상적 삶과 미학적 원리 사이에서 빚어진 기대효과를 극대화시킨다. 반전과 역설의 블래흘 즉, 백소연 시인은 이제까지 이룩된 기성의 가치체계를 전복시키고 있는 것이다.

이메일 :mousaisy@hanmail.net

백소연 시집

페달링의 원리

발　　행 2018년 12월 17일
지 은 이 백소연
펴 낸 이 반송림
편집디자인 김지호
펴 낸 곳 도서출판 지혜
계간시전문지 애지
기획위원 반경환 이형권 황정산
주　　소 34624 대전광역시 동구 선화로 203-1, 2층 도서출판 지혜 (삼성동)
전　　화 042-625-1140
팩　　스 042-627-1140
전자우편 ejisarang@hanmail.net
애지카페 cafe.daum.net/ejiliterature

ISBN : 979-11-5728-311-8 03810
값 9,000원